Natacha HANSEL

50 activités pour mesurer les longueurs

au cycle 2

W0293372

scérén
CRDP
LORRAINE

ISSN : 1298-1745
ISBN : 2-86627-408-3
Directeur de la publication : Daniel VOSGIEN
La collection *50 activités* est coordonnée par le CRDP de Midi-Pyrénées.
Directeur de collection : Jean-Michel COIGNARD, IA-DSDEN
Suivi éditorial : Claire OLEGGINI
Illustration de couverture : Francis COLLIN
Maquette de couverture : Yolande REYNIER
PAO : Chantal GÉNIN

© CRDP Lorraine, octobre 2005
Tous droits de reproduction réservés

DANGER LE PHOTOCOPILLAGE TUE LE LIVRE

Le Code de la propriété intellectuelle n'autorisant, aux termes de l'article L. 122-5, 2e et 3e a), d'une part, que les « copies ou reproductions strictement réservées à l'usage privé du copiste et non destinées à une utilisation collective » et, d'autre part, que les analyses et les courtes citations dans un but d'exemple et d'illustration, « toute représentation ou reproduction intégrale ou partielle faite sans le consentement de l'auteur ou de ses ayants droit ou ayants cause est illicite » (art. L. 122-4).
Cette représentation ou reproduction, par quelque procédé que ce soit, constituerait donc une contrefaçon sanctionnée par les articles L. 335-2 et suivants du Code de la propriété intellectuelle.

Les programmes et instructions du 14 février 2002 rappellent les compétences qu'un élève doit avoir acquises à la fin du cycle 2 quant à la grandeur qu'est la longueur et à sa mesure :

- *« Comparer des objets selon leur longueur par un procédé direct ou indirect » :* cette première compétence suppose une approche de la notion indépendamment de sa mesure. Elle se développe lors de la résolution du problème de la comparaison d'objets selon leur longueur : comparaison directe d'objets présents en un même lieu au même moment, comparaison indirecte d'objets non déplaçables ou non disponibles en même temps.

- *« Choisir l'instrument le plus approprié pour comparer les longueurs de plusieurs objets (réels ou représentés) » :* cette deuxième compétence prend ses sources dans le problème de la comparaison d'objets qui ne sont pas déplaçables ou ne sont pas disponibles en même temps. Elle ne peut faire l'économie de mesurages effectifs à l'aide d'instruments « inventés » pour répondre naturellement aux problèmes posés ou d'instruments usuels présents dans l'environnement de l'enfant.

- *« Utiliser la règle graduée en centimètres pour donner une mesure approchée d'un segment (ou d'une ligne brisée). Utiliser la règle graduée en centimètres pour construire un segment (ou une ligne brisée) de longueur donnée. Utiliser le mètre ruban ou le mètre de couturière dans une activité de mesurage » :* ces compétences s'acquièrent au cours d'activités qui donnent du sens, d'une part aux unités conventionnelles de mesure dont la plupart des enfants ont une connaissance pragmatique et, d'autre part, aux instruments de mesure eux-mêmes. *« La fabrication d'un instrument de mesure par les élèves constitue une aide à la compréhension des instruments usuels et à leur utilisation. Cette fabrication sera précédée par des mesurages d'objets à l'aide du report d'un étalon de longueur. L'utilisation des graduations d'une règle sera mise en relation avec le report de l'étalon-unité. »*

Ces compétences étant fixées pour la fin du cycle 2, il reste à concevoir une programmation qui soit à la fois respectueuse des niveaux de développement des enfants quant à la notion de longueur et génératrice de progrès sensibles dans ce domaine au fil des trois années du cycle.

Les activités proposées en Grande Section de maternelle font appel à des objets matériels que l'on compare du point de vue de leur longueur (directement, indirectement puis à l'aide d'un étalon que l'on reporte) et visent les deux premières compétences.

Ces activités de comparaison d'objets du point de vue de leur longueur sont reprises au Cours Préparatoire et enrichies par des activités de mesurage exploitant divers instruments de mesure - instruments « inventés » dans la classe, puis instruments empruntés à la société dans laquelle l'école est plongée (règle graduée)- et utilisant les connaissances acquises quant aux nombres entiers. Autrement dit, la deuxième année du cycle permet le retour sur les deux premières compétences et prépare les trois dernières.

La troisième année du cycle est consacrée au renforcement des trois dernières compétences. Elle reprend la construction d'un instrument de mesure non conventionnel, propose des instruments de mesure autres que la règle graduée et introduit les unités qui leur sont associées. Les résultats des mesurages ne sont plus seulement exprimés par des entiers suivis d'une unité (12 cm), mais aussi par des encadrements (entre 12 cm et 13 cm) ou par une expression complexe (12 cm et 4 mm).

Les paliers de maîtrise étant définis, il convient de mettre en place des situations qui favorisent la découverte, ou la redécouverte, de la notion de longueur dans des contextes variés.

En première année du cycle 2, le classement de livres selon leur « hauteur » offre l'opportunité de manipuler effectivement des livres pour donner du sens à l'expression « a la même hauteur que » avant de représenter cette situation. Le problème de la comparaison des performances lors d'un jeu de cible constitue le point de départ de la deuxième année, alors qu'en troisième année, ce sont des objets matériels revêtant des apparences diverses (bandes, rubans, pailles, baguettes, etc.) qui sont comparés du point de vue de leur longueur.

Les connaissances, déclaratives ou procédurales, relatives à la longueur et à sa mesure sont construites au cours de la résolution de problèmes et ont d'abord le statut d'outils implicites avant de devenir des objets d'étude puis d'acquérir le statut d'outils explicites.

Ces connaissances sont mises à l'épreuve dans des exercices individuels qui ne se réduisent pas à des exercices d'application, mais consistent également en exercices dont la résolution appelle l'exploration de la situation présentée et la mobilisation de savoirs et de savoir-faire relevant du domaine de la longueur et de sa mesure comme du domaine numérique et du domaine logique. Des exercices individuels différents peuvent être proposés à des élèves différents à la suite d'une même séance collective : les mêmes connaissances sont en jeu, mais la situation de départ varie en complexité, les opérations mentales en jeu se réduisent à l'application ou inclinent vers la recherche et la formalisation des réponses s'accomplit selon des modes variés, depuis le tableau que l'on complète à la phrase que l'on rédige.

Les activités proposées donnent du sens aux concepts de longueur et de mesure, qu'il s'agisse des situations de découverte vécues et explorées par les élèves ou des exercices d'entraînement individuel.

Ces activités ne se referment pas sur elles-mêmes : elles fournissent d'abord l'occasion d'utiliser, de renforcer et de relier entre elles les connaissances numériques et géométriques ; elles constituent également un lieu d'apprentissage de l'argumentation, de la validation des réponses par un retour à l'expérience.

Cet ouvrage de qualité, en prise directe avec les nouveaux programmes, devrait rendre de grands services aux enseignants qui y trouveront matière à renouveler leurs scénarios pédagogiques comme aux élèves qui seront impliqués dans des situations motivantes et formatrices. Mademoiselle HANSEL remplit pleinement sa mission de formation en portant à la connaissance du plus grand nombre des activités construites avec des professeurs des écoles en formation et mises à l'épreuve dans des classes. Je tiens à la remercier pour son engagement dans la production de documents utiles aux enseignants du premier degré et je salue particulièrement la réalisation de cette belle œuvre pédagogique.

Claudie RICCI, IEN à Commercy

Préface 3

Sommaire 5

Trouver la bonne fiche 6

Suivez le guide 8

Introduction 9
La longueur, une grandeur mesurable 11
L'évolution des représentations chez l'enfant 13
L'enseignement des longueurs à l'école 18
Mise en œuvre de la démarche au cycle 2 22

I - LES LONGUEURS EN GRANDE SECTION 27
Séquence 1 : activités 1 à 5 31
Séquence 2 : activités 6 à 11 39
Séquence 3 : activités 12 à 14 52
Séquence 4 : activités 15 à 18 62

II - LES LONGUEURS AU COURS PRÉPARATOIRE 73
Séquence 1 : activités 19 et 20 77
Séquence 2 : activités 21 à 24 83
Séquence 3 : activités 25 à 27 92
Séquence 4 : activités 28 à 31 99
Séquence 5 : activités 32 à 35 110

III - LES LONGUEURS AU COURS ÉLÉMENTAIRE 1 121
Séquence 1 : activités 36 à 38 125
Séquence 2 : activités 39 à 42 132
Séquence 3 : activités 43 et 44 146
Séquence 4 : activités 45 à 47 151
Séquence 5 : activités 48 à 50 156

TROUVER LA BONNE FICHE

n°	Noms des fiches	pages
	I - LES LONGUEURS EN GRANDE SECTION	
	Classer des livres selon leur hauteur	
1	Classer des livres sur des étagères	31
2	Dessiner des livres classés sur des étagères	32
3	Ranger des livres sur la bonne étagère	33
4	Retrouver le dos qui appartient au livre	35
5	Le loto des livres	38
	Comparer directement des objets selon leur longueur	
6	Classer des objets	39
7	Du moins long au plus long	41
8	Dessiner des objets rangés dans l'ordre	42
9	Ranger dans l'ordre croissant ou décroissant	43
10	Compléter une suite ordonnée	47
11	Le jeu des tours	50
	Comparer des objets selon leur longueur en utilisant des moyens indirects	
12	Comparer des bandes à l'aide d'un étalon	52
13	Ranger des bandes par ordre de longueur	54
14	Le jeu des routes	55
	Comparer des objets selon leur longueur en utilisant un étalon	
15	Comparer des chemins à l'aide d'un étalon	62
16	Ranger des chemins par ordre de longueur	64
17	Le memory des chemins	67
18	Les dominos des chemins	70
	II - LES LONGUEURS AU COURS PRÉPARATOIRE	
	Comparer des longueurs à l'aide d'objets intermédiaires	
19	Le jeu de cible (1)	77
20	Compléter des séries	79
	Comparer des longueurs à l'aide d'un objet intermédiaire plus long	
21	Le jeu de cible (2)	83
22	Ranger des objets	85
23	Construire des objets	88
24	Trouve l'intrus !	90
	Comparer des longueurs à l'aide d'un étalon	
25	Le jeu de cible (3)	92
26	Ranger des objets représentés	94
27	Construire des objets	97

	Déterminer la mesure d'une longueur à l'aide d'une unité non conventionnelle	
28	Comparer des résultats de mesurage	99
29	Mesurer un ruban	101
30	Mesurer des chemins	103
31	Dessiner en agrandissant un modèle	108
	Déterminer la mesure d'une longueur à l'aide d'une unité conventionnelle	
32	De la bande graduée à la règle	110
33	Mesurer avec la règle graduée	111
34	Construire d'après un message	115
35	Mesurer des chemins avec la règle graduée	116
	III - LES LONGUEURS AU COURS ÉLÉMENTAIRE 1	
	Comparer des longueurs en utilisant des moyens directs	
36	Classer puis ranger des objets	125
37	Prévoir un rangement	126
38	Compléter des séries	128
	Comparer des longueurs en utilisant des moyens indirects	
39	Mettre au point une technique de comparaison	132
40	Construire des objets à partir d'un étalon	136
41	Mesurer en utilisant un étalon et son multiple	139
42	Étalonner des réglettes	141
	Mesurer des longueurs à l'aide d'une unité de référence	
43	Des réglettes à la coudée royale égyptienne	146
44	Élaborer un algorithme d'utilisation de la coudée	149
	De l'unité de référence non conventionnelle au système métrique	
45	De la coudée égyptienne à la règle graduée	151
46	Multiples et sous-multiples	153
47	Choisir l'instrument de mesure le plus adapté	155
	Mesurer des longueurs dans le système métrique	
48	Mesurer avec la règle graduée	156
49	Le message	160
50	Construire des segments avec la règle graduée	166

	**Objectifs**
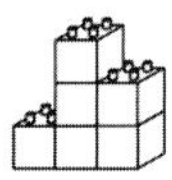	**Compétences**
	**Matériel**
	**Dispositif pédagogique**
	**Déroulement**
	**Remarques**
	**Variantes**

La longueur, une grandeur mesurable

Toute expérience permettant de déterminer une relation d'équivalence dans un ensemble d'objets physiques définit des classes d'équivalence dans cet ensemble. Chaque classe d'équivalence définit une grandeur. La couleur peut ainsi être envisagée comme la grandeur associée à la relation *a la même couleur que*. Il est également possible de classer des baguettes selon le critère *est juxtaposable à*, ce qui permet de définir la longueur comme une grandeur d'un autre type.

La longueur est une grandeur particulière dont les caractéristiques sont précisées du point de vue scientifique en apportant des éléments de réponse aux questions suivantes : quels sont les objets concernés ? Quelle expérience sur ces objets permet une première approche de la longueur ? Quelles sont les propriétés de cette grandeur ? Quelles sont les unités (légales) de mesure des longueurs ? Comment détermine-t-on le périmètre de surfaces planes ?

L'évolution des représentations chez l'enfant

Une analyse didactique des enseignements et apprentissages relatifs à la longueur s'organise autour du problème de la conservation des longueurs, de l'examen des principales compétences à développer chez l'élève et des lieux de difficulté pour celui-ci, et enfin de la recherche des variables didactiques pour les activités de comparaison de longueur et pour les activités de recherche de périmètres.

L'enseignement des longueurs à l'école

Démarche pédagogique générale

L'étude des longueurs et de leur mesure peut être conduite selon une démarche pédagogique générale qui s'organise en quatre grandes étapes :

1. une approche de la notion, indépendamment de la mesure, qui a pour objet d'isoler la grandeur avant de comparer différentes réalisations de cette grandeur directement, en utilisant un objet intermédiaire ou en effectuant une transformation licite ;
2. la nécessité de mesurer et les premières mesures « naturelles » : le recours à un objet de référence apparaît indispensable et les premières mesures se ramènent à des dénombrements qui exploitent l'aspect cardinal du nombre ;
3. la découverte d'unités conventionnelles de mesure ;
4. les formules et les instruments de mesure : en utilisant une règle graduée pour mesurer la longueur d'un segment, on place le mesurage dans le champ du repérage et sur le versant ordinal du nombre.

Mise en œuvre de la démarche au cycle 2

Cette démarche pédagogique est appliquée au cas particulier des longueurs et de leur mesure à tous les niveaux du cycle 2.

La notion elle-même est approchée dès la Grande Section, dans des situations qui favorisent le passage du vécu à une représentation. Le temps consacré aux comparaisons d'objets matériels décroît au fur et à mesure qu'on avance dans le cycle.

Les premières mesures « naturelles » s'effectuent à l'aide d'un étalon arbitraire dont on dispose en plusieurs exemplaires en Grande Section puis au Cours Préparatoire, puis en un seul exemplaire à partir du Cours Préparatoire. Les problèmes posés par les erreurs inhérentes au report de cet étalon conduisent à envisager la construction d'un instrument de mesure : on gradue une règle en reportant soigneusement l'étalon et on numérote les graduations pour simplifier la tâche du dénombrement. Les mesurages sont réalisés en fonction de l'unique étalon choisi et chaque mesure est exprimée avec un nombre entier ou, plus rarement, avec un intervalle borné par des entiers.

Au Cours Élémentaire, c'est un système d'étalons qui est utilisé. Le système choisi renvoie à l'histoire de la mesure, puisqu'il s'agit du système utilisé par les Égyptiens. L'instrument de mesure associé est une copie de la coudée royale égyptienne ; l'instrument reprend la structure non décimale du système.

Les unités de mesure conventionnelles sont découvertes progressivement : le centimètre au Cours Préparatoire, puis, au Cours Élémentaire, le décimètre et le mètre ainsi que le millimètre s'inscrivent dans le système (légal) d'unités de mesure des longueurs.

La longueur, une grandeur mesurable

Les objets concernés, la grandeur et sa mesure

Des objets à une dimension

Les objets que l'on compare sont des objets dits à une dimension. Cela peut être :
- des objets géométriques : morceaux de lignes d'un seul tenant, tels que des segments ou des arcs de courbes ;
- des assemblages de tels objets : lignes brisées qui peuvent constituer la frontière d'un polygone, lignes courbes ou lignes mixtes qui peuvent constituer la frontière d'une figure non polygonale ;
- des objets physiques matérialisant ces objets géométriques, par exemple des réglettes, des pailles, des tiges de MECCANO pour matérialiser les segments courbes, des brins de laine pour matérialiser les lignes courbes ;
- des objets modélisés par ces objets géométriques : le parcours, rectiligne ou non, effectivement accompli par un mobile comme un piéton, un cycliste ou encore un projectile ; le parcours qu'un oiseau effectuerait pour se rendre d'un point à un autre d'un territoire.

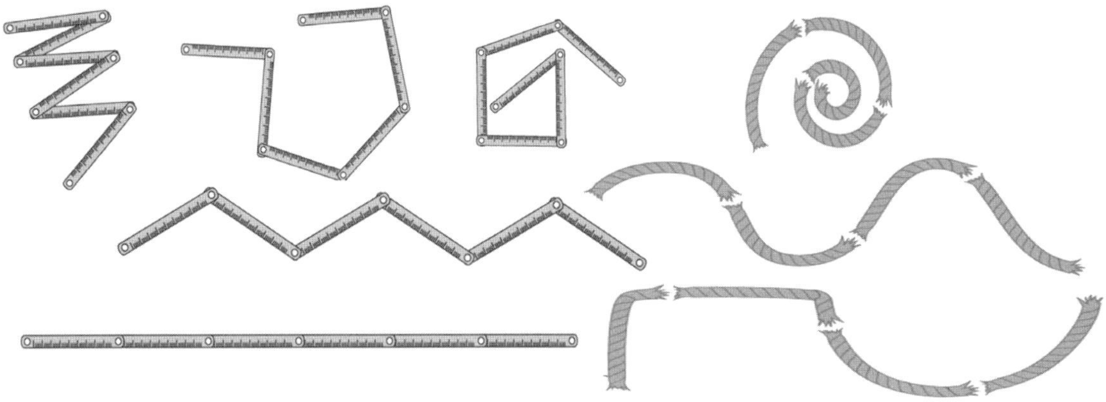

Définition de la longueur

La longueur est une grandeur associée à la relation *avoir même longueur que* dans l'ensemble de ces objets à une dimension.

Cette relation peut être définie de la manière suivante : $\mathcal{L}_1$ et $\mathcal{L}_2$ désignant deux lignes, on dira que $\mathcal{L}_1$ *a la même longueur que* $\mathcal{L}_2$ si l'on peut transformer $\mathcal{L}_1$ par déroulement, dépliage et déplacement pour qu'elle se juxtapose ou se superpose à $\mathcal{L}_2$.
Cette définition ne permet pas de comparer toutes les lignes du point de vue de leur longueur, puisque certaines lignes ne sont pas accessibles en un même lieu et à un même moment. C'est pourquoi on a recours à la mesure de leur longueur.

Mesure de la longueur

La mesure de la longueur d'une ligne $\mathcal{L}$ est le nombre d'unités u et de fractions de cette unité qu'il faut mettre bout à bout pour obtenir une ligne aussi longue que la ligne $\mathcal{L}$. Ce nombre n'est pas nécessairement un entier.

Les unités de mesure des longueurs

Unité fondamentale

L'unité fondamentale de mesure des longueurs est le mètre, noté m. Il a successivement été défini comme la quarante millionième partie du quart du méridien terrestre (1791), puis comme la longueur d'une règle de platine iridié conservée au pavillon de Breteuil à Sèvres (1872) et enfin comme la longueur du trajet parcouru pendant une durée de 1/299 792 452 seconde par la lumière dans le vide (1983).

Les multiples et les sous-multiples du mètre

Ils sont définis en appliquant la règle décimale :

pour les principaux multiples	pour les principaux sous-multiples
1 décamètre égale 10 mètres 1 dam = 10 m ;	1 décimètre égale 1/10 mètre 1 dm = 1/10 m ;
1 hectomètre égale 10 décamètres 1 hm = 10 dam ;	1 centimètre égale 1/10 décimètre 1 cm = 1/10 dm ;
1 kilomètre égale 10 hectomètres 1 km = 10 hm.	1 millimètre égale 1/10 centimètre 1 mm = 1/10 cm.

Le périmètre de surfaces planes

Dans le langage mathématique, le mot périmètre renvoie à deux notions. Le périmètre d'une surface désigne le contour (ou la frontière) de cette surface, et dans ce cas, il s'agit d'un ensemble de points d'un objet géométrique. Il désigne aussi la mesure de la longueur de ce contour, et dans ce cas, il s'agit d'un nombre.

Dans le langage courant, le mot périmètre désigne aussi une zone, une surface quelconque, comme dans l'expression « mise en valeur des périmètres irrigués ».

Déterminer le périmètre d'un polygone

Il suffit de calculer la somme des mesures des longueurs des côtés de ce polygone.

Déterminer le périmètre d'un disque

Le disque de centre O et de rayon r est la figure plane dont le contour est le cercle de centre O et de rayon r. Par définition, le périmètre d'un disque est la longueur du cercle bordant ce disque ; le périmètre du disque porte le nom de circonférence.

Une unité de mesure des longueurs étant donnée, si le disque a pour rayon r, alors sa circonférence est égale à $\mathbf{2\pi r}$.

Objets géométriques		Nombres
Surface disque de centre O et de rayon r	*Ligne* cercle de centre O et de rayon r	*Périmètre* circonférence = $2\pi r$
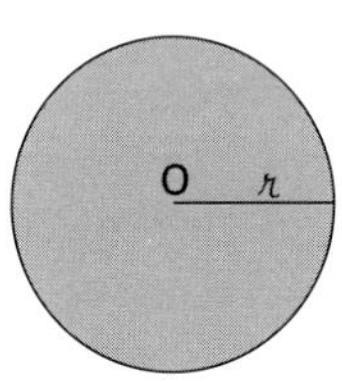	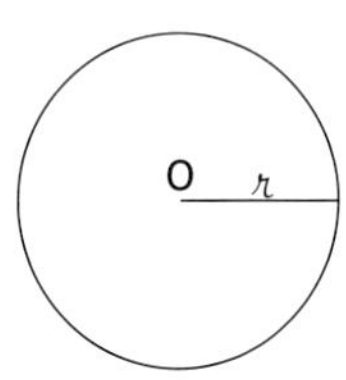	

L'évolution des représentations chez l'enfant

La conservation des longueurs

D'après les travaux de Piaget, l'enfant de sept ans, c'est-à-dire celui scolarisé au Cours Élémentaire, est à une période charnière quant à la conservation des longueurs. Les intuitions figurales, telles que la disposition des objets comparés du point de vue de leur longueur ou la présence de graduations sur ces objets, sont prépondérantes pour conclure à l'égalité ou à l'inégalité des longueurs des objets comparés.

Ces conclusions sont confortées par les travaux de l'équipe ELEM de l'IREM de Grenoble, qui rapporte les activités conduites dans une classe de CE2, à la fin de la deuxième période de l'année scolaire.

« Premier exercice

La maîtresse place au tableau deux bandes de papier de couleurs différentes (une bleue et une orange), de même largeur (environ 5 cm) et de même longueur (environ 60 cm). Les deux bandes sont disposées horizontalement, l'une en dessous de l'autre et sont distantes de 5 cm environ.

Chaque enfant remplit la feuille 1.
Comme les enfants ne peuvent pas toucher les bandes, ils doivent se faire une opinion de leur place.
L'important n'est pas tant la réponse à cette question que la persistance du résultat dans l'exercice suivant.

feuille 1

Les deux bandes ont-elles la même longueur ?
❒ oui
❒ non
❒ je ne sais pas
❒ autre réponse

Pourquoi ?

Deuxième exercice

La maîtresse attire l'attention des élèves sur ce qu'elle va faire. Elle déplace la bande orange très nettement vers la gauche et parallèlement à la bleue pour obtenir une configuration analogue à celle ci-contre.
Les enfants remplissent la feuille 2 dont le contenu est identique à celui de la feuille 1. Les enfants qui répondent « non » à la première question doivent également écrire la couleur de la bande la plus longue.

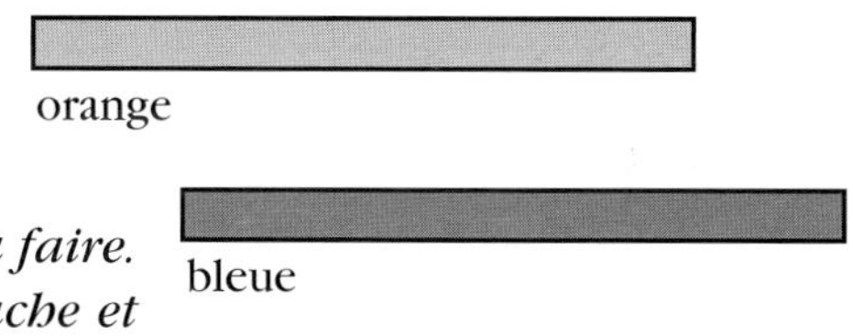

feuille 2

Les deux bandes ont-elles la même longueur ?
❒ oui
❒ non
❒ je ne sais pas
❒ autre réponse

Pourquoi ?

Troisième exercice

Les enfants reçoivent les feuilles 3 et 4.

feuille 3

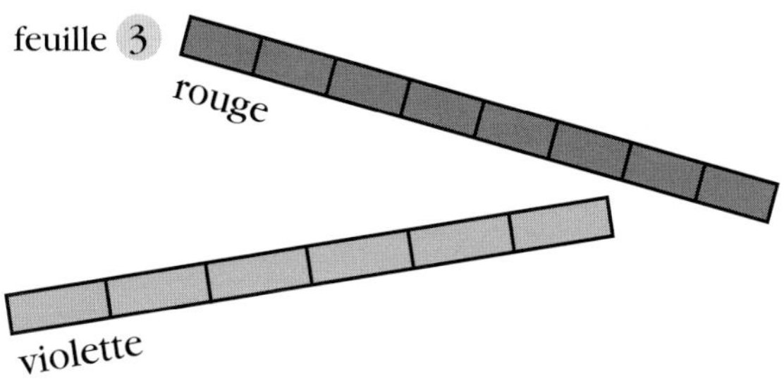

feuille 4

Catherine dit que la bande rouge est plus longue que la bande violette.
Nicolas est sûr que la bande violette est plus longue que la bande rouge.
Nathalie n'est pas d'accord : elle pense que les deux bandes ont la même longueur.

Qui a raison : Catherine, Nicolas ou Nathalie ? Pourquoi ? »

L'analyse des résultats met en évidence la dépendance des connaissances des enfants quant à la notion de longueur et aux aspects figuraux des objets comparés.

« *Pour les deux premiers exercices, sur 25 présents:*
- *14 enfants ont la conviction que les longueurs ne varient pas lors du déplacement de la bande orange;*
- *pour les 11 autres, il y a quelques cas douteux, mais le doute va plutôt dans le sens de la non-conservation; il y a aussi des enfants pour lesquels la conservation n'est pas acquise: « il me semble que la bande orange est plus grande qu'avant », « la bande orange n'est pas la même: elle est plus loin ».*

Pour le troisième exercice:
- *5 ou 7 enfants trouvent que « la bande rouge n'est pas la même »;*
- *1 se réfère aux exercices précédents: « la bande orange est la même; elles sont de la même longueur, même si elles ne sont pas placées pareil »;*
- *12 utilisent une règle graduée; leur procédé tient parfois plus du repérage que du mesurage: « elles arrivent toutes les deux à 25 en partant du 1 »;*
- *4 se servent des cases dessinées sur les bandes;*
- *2 ont d'abord utilisé les cases dessinées sur les bandes, puis ont utilisé la règle graduée usuelle;*
- *1 a tout simplement écrit: « tout à l'heure, j'ai cru que la violette était plus grande »; pour lui, les trois questions formaient un tout, car les trois couleurs n'étaient pas suffisamment différentes.* »

D'après *Mesure des longueurs au Cycle élémentaire* par le groupe « Mesure au CE », équipe ELEM de l'IREM de Grenoble, in *Grand N* n° 19, p. 7 à 30, décembre 1979.

Les principales compétences à développer et les difficultés des élèves

L'élève doit savoir comparer des objets du point de vue de leur longueur, en les superposant, en utilisant un objet intermédiaire (une ficelle ou une réglette), en effectuant des transformations qui ne modifient pas la longueur des objets (dérouler, déplier, déplacer, notamment) et en utilisant une unité de longueur donnée.

Une des difficultés provient du fait que, jusque vers 7 ans, les élèves sont non-conservants. Ils sont donc dans l'impossibilité de repérer les transformations qui conservent les longueurs et de les appliquer aux objets qu'ils doivent comparer.

D'autres difficultés peuvent provenir des objets intermédiaires utilisés: si on utilise une réglette pour comparer les longueurs de deux cordes et que le nombre de reports est important, on peut constater des différences significatives entre les résultats.

L'élève doit savoir mesurer un segment avec un double décimètre.

Les principales erreurs sont liées au positionnement de la règle graduée elle-même (le zéro de la règle graduée doit coïncider avec l'extrémité gauche du segment) mais aussi à l'énoncé de la mesure correspondant à la graduation coïncidant avec l'extrémité droite du segment (3 cm est donné à la place de 2 cm et 8 mm ou encore 2 cm et demi remplace 2 cm et 4 mm ou toute autre mesure comprise entre 2 cm et 3 cm).

Exemple

Consigne
Mesure la longueur du segment KB avec ta règle graduée.

Réponse de l'élève

Allan

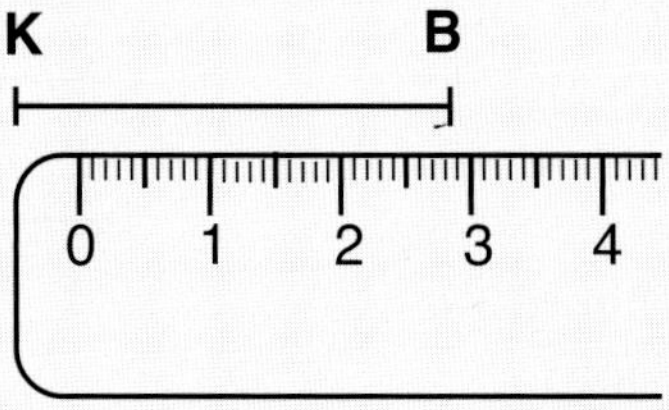

La mesure de la longueur du segment **KB** est comprise entre 2 cm et 3 cm.

Betty

La mesure de la longueur du segment **KB** est égale à 4 cm.

Allan et Betty, tous deux en classe de CP, ne font pas coïncider le zéro de la règle graduée avec l'une des extrémités du segment dont ils mesurent la longueur : Allan donne le résultat à l'aide d'un encadrement, alors que Betty lit le numéro de la graduation qui coïncide avec la seconde extrémité.

L'élève doit savoir calculer le périmètre de figures.

Il doit savoir effectuer ce calcul :
- soit à partir de mesures qu'il peut effectuer lui-même à l'aide d'une règle graduée, sur une figure donnée à l'échelle 1 (en vraie grandeur) ou en dénombrant des carreaux ou des diagonales de carreaux quand la figure est dessinée sur du papier quadrillé ou du papier pointé ;
- soit à partir de mesures qui sont indiquées sur une figure réalisée à une échelle différente de 1.

L'élève a une représentation du périmètre comme étant le résultat d'un calcul obtenu en appliquant une formule : si la formule n'a pas été construite par l'élève, elle est mémorisée de façon très instable et ne peut être disponible pour résoudre le problème posé.

Exemple

Consigne
Déterminer le périmètre de ce triangle.

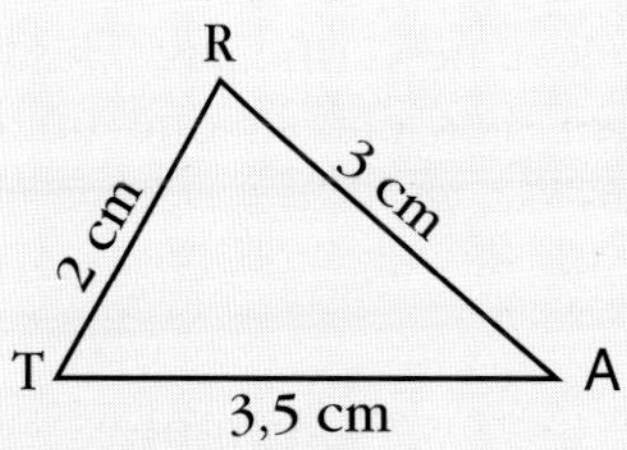

Réponse de l'élève
J'ai oublié la formule.

L'élève connaît l'additivité des longueurs et l'applique au cas des périmètres sans vérifier que les figures sont disjointes ; si une figure $\mathcal{F}$ est obtenue en réunissant deux figures $\mathcal{F}_1$ et $\mathcal{F}_2$ dont les périmètres p_1 et p_2 sont connus, il calcule le périmètre p de $\mathcal{F}$ en faisant la somme $(p_1 + p_2)$.

Exemple

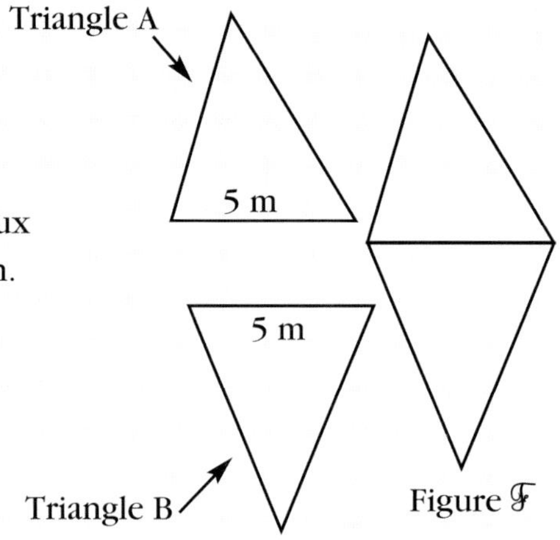

Énoncé
Le périmètre du triangle A est 12 m.
Le périmètre du triangle B est 17 m.
La figure $\mathcal{F}$ est formée à l'aide des deux triangles comme indiqué sur le dessin.

Quel est le périmètre de la figure $\mathcal{F}$?
(d'après Évaluation 6e - 1991)

Réponse de l'élève
29 m

L'élève pense que la résolution d'un exercice nécessite l'utilisation de toutes les données numériques de l'énoncé : il calcule donc la somme de toutes les longueurs qui sont fournies sans vérifier si elles concernent l'objet dont on cherche le périmètre.

Exemple

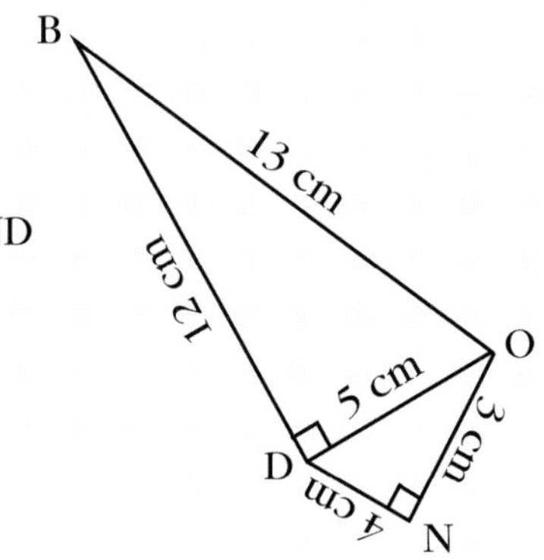

Énoncé
Détermine le périmètre du quadrilatère BOND représenté en réduction.

(d'après Évaluation 6e -1995)

Réponse de l'élève
37 cm

L'élève ne vérifie pas si les longueurs sont données avec une même unité : il ajoute les nombres donnés sans choisir une unité et sans chercher des écritures synonymes pour les différentes mesures.

Exemple

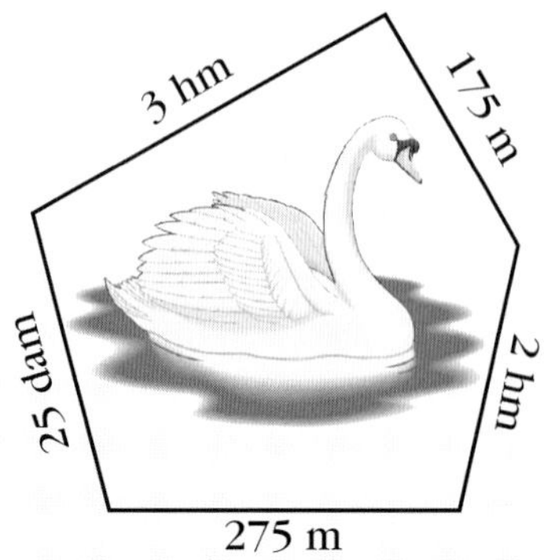

Énoncé
Quelle est la longueur du parcours représenté ci-contre ?

Réponse des élèves
Élève 1 : 480 m
Élève 2 : 5 700 m
Élève 3 : 5 km, 25 dam et 450 m

L'élève doit savoir estimer la longueur d'un objet et exprimer cette longueur à l'aide d'une unité appropriée.

Par manque d'expérience individuelle, scolaire ou sociale, l'élève n'a aucune idée de la mesure de certaines longueurs, et donc aucune idée de l'unité utilisée pour exprimer cette mesure.

L'élève doit savoir donner des écritures synonymes d'une même mesure:
- en utilisant plusieurs unités et en donnant une écriture complexe;
- en utilisant une seule unité et en donnant une écriture entière ou décimale.
Ainsi, 3 m et 25 cm ou 325 cm ou 3,25 m désignent une même mesure.

L'élève n'utilise pas correctement:
- les relations entre les différentes unités (ce qui est le cas de l'élève 2 ci-dessus);
- les règles de multiplication ou de division d'un nombre par 10, 100, ou 1 000.

Les variables didactiques

Comparaison des longueurs

Pour les activités de comparaison des longueurs, les principales variables didactiques sont:

1. La nature des objets dont on compare les longueurs: s'agit-il d'objets matériels ou représentés? Ces objets sont-ils rectilignes, curvilignes ou mixtes?
2. La taille de ces objets: ces objets appartiennent-ils au micro-espace ou au méso-espace? Deux rubans dont les longueurs sont 20 cm et 25 cm appartiennent au micro-espace. En revanche deux parcours, matérialisés sur un terrain d'évolution, relèvent du méso-espace.
3. La possibilité d'agir sur ces objets: ces objets sont-ils déplaçables ou non? Ces objets sont-ils transformables ou non?
4. Les outils ou les instruments dont dispose l'élève: ficelle ou règle dont la longueur est supérieure à la plus grande des longueurs examinées; réglette dont la longueur est inférieure à la plus petite des longueurs examinées; règle, graduée ou non; papier-calque; compas.

Recherche de périmètres

Pour les activités de recherche de périmètres, les principales variables didactiques sont:

1. La nature de la figure dont on cherche le périmètre: polygone ou non. Dans le cas des polygones, il pourra s'agir d'une figure de base familière (triangle, carré, rectangle, losange) ou d'une figure complexe.
2. L'échelle à laquelle la figure est représentée: la figure est représentée en vraie grandeur et on peut mesurer les longueurs dont on a besoin, ou bien la figure est représentée à une échelle différente de 1 et, dans ce cas, les vraies longueurs sont données sur un schéma ou dans un texte d'accompagnement, ou bien les longueurs sont mesurées et l'échelle est donnée.
3. Le support sur lequel est tracée la figure: papier uni, papier quadrillé, papier pointé.
4. La présence d'informations parasites: des éléments de la figure sont tracés alors qu'ils ne sont pas utiles à la détermination du périmètre (mais peuvent être nécessaires pour une autre activité), ou des longueurs sont précisées alors qu'elles ne sont pas utiles à la détermination du périmètre.

Fiche ressource

L'enseignement des longueurs à l'école

Démarche pédagogique générale

Qu'il s'agisse d'amener l'enfant à la maîtrise des mesures de la longueur d'un segment, d'une ligne brisée ou d'une ligne courbe, fermée ou non, de l'aire d'une surface plane ou de la surface limitant un solide, du volume d'un solide, de la masse d'un objet, la démarche globale sera toujours la même, à quelques variantes près. Quatre grandes étapes peuvent être dégagées.

Étape 1 : Une approche de la notion, indépendamment de la mesure

Cette étape est très importante, elle s'inscrit dans la durée et s'organise autour de trois pôles : isoler une grandeur d'un objet, comparer les grandeurs, dégager la propriété d'additivité des grandeurs mesurables.

1. Isoler une grandeur d'un objet

Il s'agit de distinguer l'objet lui-même d'une grandeur associée à cet objet.

Imaginons que ces objets soient des réglettes, fabriquées à partir de matériaux différents (bois, métal, polystyrène, etc.) et dont les sections sont des carrés superposables. En juxtaposant deux réglettes, on peut se trouver dans l'une des deux situations suivantes :

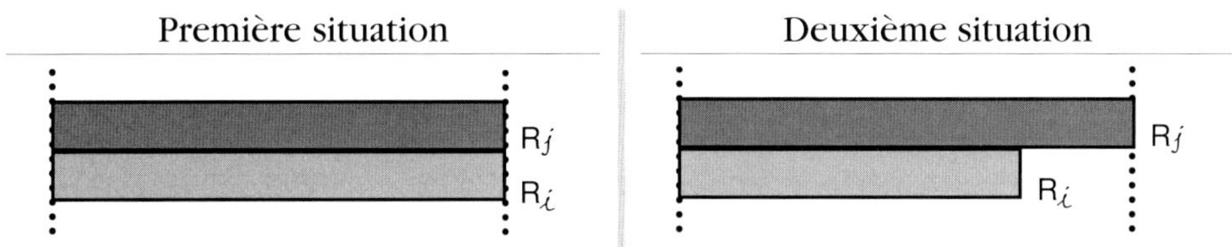

Si l'on s'intéresse à la première de ces situations, on peut regrouper dans une même boîte les réglettes R_i et R_j dont on peut faire coïncider les deux extrémités en les juxtaposant, et on dira que la réglette R_i est aussi longue que la réglette R_j.

La relation *est aussi longue que* est une relation d'équivalence dans l'ensemble des réglettes. Toutes les réglettes ont été classées et on obtient ainsi un nouvel ensemble : l'ensemble des classes d'équivalence matérialisé par les boîtes. Les réglettes d'une même boîte ont la même longueur : chaque classe d'équivalence détermine une grandeur appelée longueur.

Si l'on extrait deux réglettes R_i et R_j de deux boîtes différentes, on se trouve nécessairement dans une situation analogue à la seconde, et selon les cas, on dira que R_i *est moins longue que* R_j ou que R_j *est plus longue que* R_i.

2. Comparer les grandeurs

Les comparaisons peuvent s'effectuer avec deux buts différents :

- ranger des objets selon la grandeur étudiée, autrement dit séparer les objets qui sont différents du point de vue de cette grandeur et les ranger selon les valeurs croissantes ou décroissantes de cette grandeur ; on peut, par exemple, ranger des pailles de la moins longue à la plus longue ou ranger des paquets du moins lourd au plus lourd ;
- classer des objets selon la grandeur étudiée, autrement dit mettre ensemble les objets qui se ressemblent du point de vue de cette grandeur ou encore définir des classes d'équivalence dans l'ensemble des objets étudiés pour la relation *a même grandeur que* ; on peut, par exemple, regrouper des pailles qui sont de même longueur ou regrouper les paquets de même masse.

Il est possible de définir une relation d'ordre dans l'ensemble des longueurs.

Si l'on considère la relation *est moins longue que*, il est possible de ranger les classes d'équivalence correspondant aux longueurs définies.

Ce rangement permet de définir une relation d'ordre dans l'ensemble des longueurs : une longueur $\mathcal{L}_1$ est inférieure à la longueur $\mathcal{L}_2$ si, et seulement si, une réglette de longueur $\mathcal{L}_1$ est moins longue qu'une réglette de longueur $\mathcal{L}_2$.

Différentes méthodes peuvent être mises en place pour comparer des grandeurs.

a. Comparaison directe

La juxtaposition de deux feutres ou encore la superposition de deux rubans sont des moyens de savoir lequel des deux objets comparés est le plus long.

Exemple

Consigne

Quel est le feutre le plus long ?

Le feutre 1 ou le feutre 2 ?

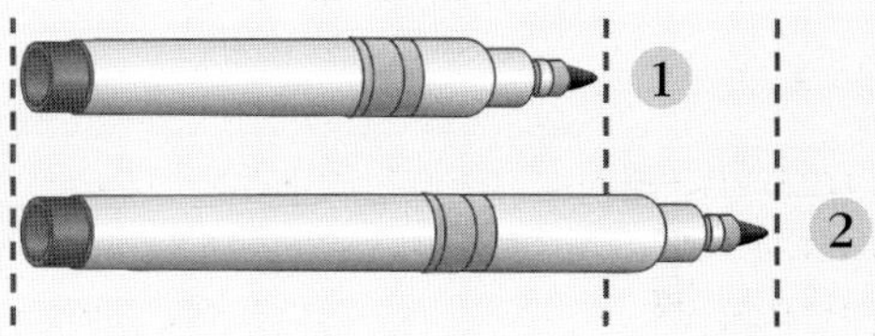

Réponse de l'élève

Le feutre 2 est plus long que le 1.

b. Comparaison utilisant un objet intermédiaire

La comparaison des distances entre un objet ponctuel A et deux objets ponctuels B et C, qui ne peuvent être déplacés, comme dans le jeu de la pétanque, se fera à l'aide d'une baguette assez longue ou de n'importe quel objet rectiligne assez long.

Exemple

Consigne

Utiliser une ficelle pour comparer les longueurs des parcours suivants :

Parcours 1

Parcours 2

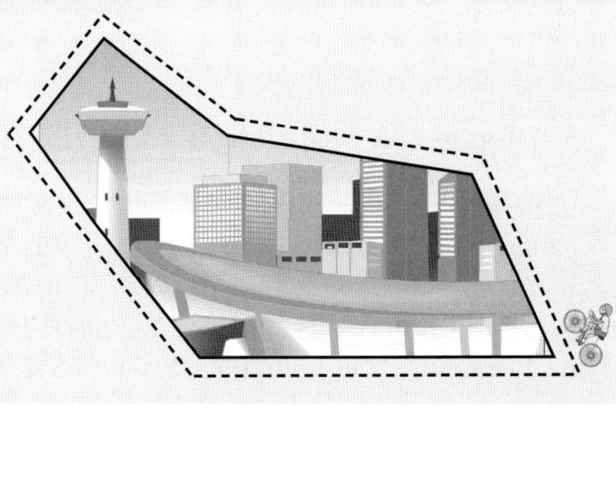

c. Comparaison utilisant un objet intermédiaire

Pour comparer les longueurs des cordes suivantes, on peut les dérouler et les étirer (sans les déformer et sans les briser !), puis comparer les longueurs des « segments » ainsi obtenus.

Exemple 1

Consigne

Quelle est la ficelle la plus longue : la ficelle 1 ,la ficelle 2 ou la ficelle 3 ?

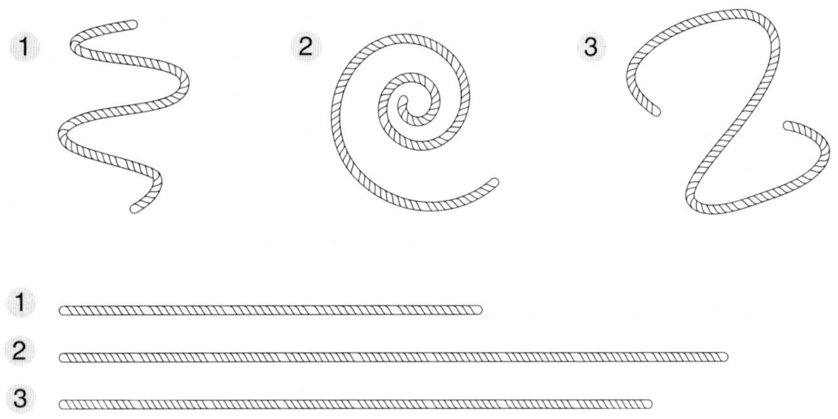

Pour comparer les longueurs des lignes brisées suivantes, on peut les « déplier » (toujours sans les briser !), puis comparer les longueurs des « segments » ainsi obtenus.

Exemple 2

Consigne

Quelle est la ligne la plus longue : la ligne 1 ou la ligne 2 ?

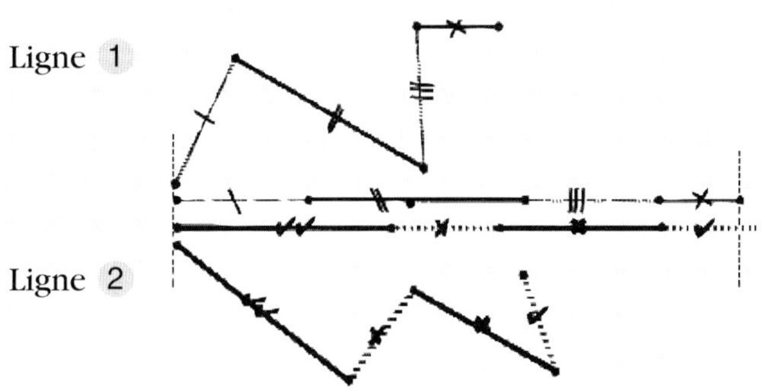

3. Dégager la propriété d'additivité des grandeurs mesurables

Cette propriété constitue une composante essentielle de la mesure.

En plaçant bout à bout une réglette R_i de longueur ℓ_i et une réglette R_j de longueur ℓ_j, on obtient une réglette R de longueur $\ell_i + \ell_j$: on définit ainsi une addition dans l'ensemble des longueurs (et non pas dans l'ensemble des réglettes !), ce qui permet de définir le double, le triple d'une longueur ℓ. On note alors $2 \times \ell$, $3 \times \ell$, et plus généralement $n \times \ell$, pour rappeler que la longueur $n \times \ell$ est celle d'une réglette obtenue en mettant bout à bout n réglettes de longueur ℓ.

On convient que, pour toute longueur ℓ : $1 \times \ell = \ell$ et que $0 \times \ell = 0$.

On admet l'existence d'une longueur $(1/q) \times \ell$, où q désigne un nombre entier naturel non nul, et de la même façon, on peut définir une longueur $(p/q) \times \ell$, où p est un entier.
On admet l'existence d'une longueur $r \times \ell$ où r désigne un nombre réel positif.
Le schéma suivant, dans lequel $\mathcal{L}$ désigne l'ensemble des longueurs, caractérise l'opération ainsi définie.

$$\mathbb{R}_+ \times \mathcal{L} \longrightarrow \mathcal{L}$$

$$(r, \ell) \longrightarrow r \times \ell$$

Cette opération est distributive par rapport à l'addition dans l'ensemble des réels positifs et par rapport à l'addition dans l'ensemble des longueurs.
De plus, si r_1 et r_2 désignent des nombres réels positifs, on a, pour toute longueur ℓ : $r_1 \times (r_2 \times \ell) = (r_1 \times r_2) \times \ell$. La relation d'ordre définie précédemment est compatible avec les opérations ci-dessus.

Étape 2 : La nécessité de mesurer et les premières mesures « naturelles »

La nécessité de mesurer peut apparaître dans deux cas ; lorsque les objets ne sont pas déplaçables ou ne sont pas disponibles en même temps, ou lorsque l'on veut déterminer une grandeur de façon plus précise que par simple superposition.

Dans les deux cas, le recours à un objet de référence (étalon naturel) est indispensable : envisagée comme le rapport entre la grandeur de l'objet et celle de l'étalon, la mesure apparaît aussitôt.
Durant cette étape, les enfants seront encore amenés :
- à estimer une mesure ;
- à exprimer un intervalle dans lequel s'insère la mesure ;
- à découvrir la nécessité de recours à une unité commune si on veut comparer deux grandeurs ; on ne peut, en effet, pas dire qu'une grandeur est plus grande qu'une autre si ces deux grandeurs ont été mesurées à l'aide de deux étalons différents.

Étape 3 : La découverte des unités conventionnelles de mesure

L'enfant est amené :
- à découvrir l'unité conventionnelle de base, ses multiples et ses sous-multiples ;
- à se représenter concrètement les différentes unités de mesure ;
- à exprimer les relations numériques entre certaines de ces unités prises deux à deux ;
- à lire, écrire et transformer des grandeurs dont la mesure est un nombre entier, décimal ou rationnel ;
- à choisir l'unité adéquate pour mesurer telle ou telle grandeur ;
- à estimer la mesure d'une grandeur à l'aide de cette unité.

Étape 4 : Les formules et les instruments de mesure

L'utilisation d'un étalon pour déterminer une mesure est une étape importante dans l'apprentissage de la mesure à l'école. Cependant, dans la vie quotidienne, les mesures se déterminent de plus en plus rarement à l'aide d'un étalon. On a souvent recours à des formules établies en utilisant les propriétés des mesures : on calcule alors des périmètres, des aires ou des volumes en fonction de dimensions caractéristiques de l'objet. On emploie également des instruments de mesure : on effectue une lecture directe sur le cadran d'une balance pour mesurer des masses ou sur le cadran d'une horloge pour mesurer une durée.

Cette quatrième étape permet donc d'arriver à la mesure par des moyens plus rapides qu'un dénombrement qui peut parfois s'avérer fastidieux.

Fiche ressource

Mise en œuvre de la démarche au cycle 2

Le tableau qui suit s'efforce de montrer comment cette démarche pédagogique générale est appliquée au cas particulier des longueurs et de leur mesure à tous les niveaux du cycle 2.

Le problème de la comparaison d'objets matériels du point de vue de leur longueur est posé dès la Grande Section et les comparaisons se font d'abord directement, puis en utilisant des moyens indirects, et enfin en travaillant avec un étalon choisi arbitrairement.

Au Cours Préparatoire, les objets comparés sont des objets matériels, puis des objets représentés, ce qui permet d'effectuer des comparaisons directes, puis des comparaisons indirectes. Les mesurages sont effectués à l'aide d'un étalon, puis à l'aide d'un instrument de mesure (règle graduée) construit avec cet étalon, et les résultats de ces mesurages s'expriment à l'aide de nombres entiers. En dernier lieu, on introduit la règle graduée en centimètres, qui est un instrument de mesure utilisé par la société actuelle.

Au Cours Élémentaire première année, on enrichit le concept de mesure des longueurs en effectuant les mesurages à l'aide d'un système d'étalons, d'abord non décimal, puis décimal, puis à l'aide d'un instrument de mesure construit à partir de ce système. Le résultat d'un mesurage est exprimé à l'aide d'un nombre entier d'unités d'un certain type (25 cm) ou à l'aide d'un encadrement par des nombres entiers d'unités d'un type donné (entre 25 cm et 26 cm) ou encore de plusieurs nombres entiers de plusieurs unités (25 cm et 4 mm).

Tableau : Programmation de cycle, *cf.* page ci-contre.

	Activités préparatoires	Comparaisons directes
Grande Section	Comparer des livres du point de vue de la hauteur de leur dos. Mettre au point une procédure qui permette de formuler l'une des conclusions suivantes : – les deux livres ont la même hauteur ; – les deux livres n'ont pas la même hauteur. Utiliser le vocabulaire de comparaison de deux livres du point de vue de la hauteur de leur dos.	Comparer des objets du point de vue de leur longueur. Mettre au point une procédure de comparaison directe et l'utiliser : juxtaposition ou superposition. Formuler la conclusion d'une comparaison à l'aide de l'une des expressions : l'objet A est *plus long que* l'objet B, l'objet B est *moins long que* l'objet A ou l'objet C est *aussi long que* l'objet D.
Cours Préparatoire		Faire comparer des longueurs ou des distances en utilisant des objets intermédiaires déplaçables. Actualiser les expressions *plus long que, aussi long que, moins long que.*
Cours Élémentaire		Faire comparer des objets du point de vue de leur longueur en utilisant des moyens directs. Classer les objets selon le critère *a même longueur que* et ordonner les classes ainsi obtenues. Expliciter le résultat d'une comparaison en utilisant les expressions *plus long que, aussi long que, moins long que.*

	Comparaisons indirectes	Mesurage de longueurs en utilisant une unité de référence, puis un système d'unités de référence
Grande Section	Comparer des objets du point de vue de leur longueur en utilisant des moyens indirects : – un objet de référence suffisamment long ; – un étalon choisi arbitrairement. Mettre au point une procédure de comparaison indirecte et l'utiliser : – report de la longueur de l'objet examiné sur un objet plus long que tous les objets à comparer et marquage de cet objet ; – report de la longueur d'un objet plus court que tous les objets à examiner et dénombrement des reports effectués. Expliciter le résultat d'une comparaison : – oralement, à l'aide de l'une des expressions : l'objet A est *plus long que* l'objet B ou l'objet B est *moins long que* l'objet A ; – par écrit, en listant les signes distinctifs des différents objets comparés (couleurs, marques particulières, etc.) dans l'ordre croissant ou décroissant des longueurs.	Comparer des objets du point de vue de leur longueur en utilisant un étalon choisi arbitrairement. Mettre au point une procédure de comparaison à l'aide d'un étalon de référence et l'utiliser : – dénombrement d'objets de même longueur que l'étalon ; – recouvrement, sans trous ni chevauchements, d'un objet à l'aide de plusieurs exemplaires de l'étalon de référence et dénombrement des exemplaires utilisés ; – report de la longueur de l'étalon et dénombrement des reports effectués. Expliciter le résultat d'une comparaison : – oralement, à l'aide de l'une des expressions : l'objet A est *plus long que* l'objet B ou l'objet B est *moins long que* l'objet A ; – par écrit, en utilisant un tableau traduisant la correspondance entre les signes distinctifs des différents objets comparés (couleurs, marques particulières, etc.) et les mesures des longueurs, l'unité étant la longueur de l'étalon de référence.
Cours Préparatoire	Faire comparer des longueurs ou des distances en utilisant un objet intermédiaire plus long que tous les objets examinés. Faire utiliser les expressions *plus long que, aussi long que, moins long que.*	Faire comparer des longueurs ou des distances en utilisant un objet intermédiaire relativement petit, à savoir un étalon, celui-ci étant disponible en plusieurs exemplaires ou en un seul exemplaire. Utiliser les connaissances relatives aux nombres pour comparer des longueurs. Actualiser les expressions *plus long que, aussi long que, moins long que.*
Cours Élémentaire	Faire comparer des objets du point de vue de leur longueur en utilisant des moyens indirects : – un étalon arbitraire ; – un étalon imposé. Classer les objets selon le critère *a la même longueur que* et ranger les classes ainsi obtenues. Expliciter le résultat d'une comparaison : – oralement, en utilisant les expressions citées au-dessus ; – par écrit, à l'aide d'un tableau. Introduire la notion d'unité de longueur.	Déterminer la mesure de la longueur d'objets en utilisant un système d'unités de référence : – un système non structuré ; – un système structuré non décimal. Expliciter le résultat d'un mesurage : – à l'aide de nombres entiers ; – à l'aide d'un encadrement. Utiliser le résultat de mesurages dans un système donné pour comparer des objets du point de vue de leur longueur, les classer et les ranger.

	Mesurage de longueurs à l'aide d'un instrument de mesure (1)	Mesurage de longueurs à l'aide d'un instrument de mesure (2)
Grande Section		
Cours Préparatoire	Déterminer la mesure de la longueur d'objets en utilisant une unité de référence non conventionnelle: – cette unité est matérialisée par un étalon fourni en un seul exemplaire; – cette unité est matérialisée par la distance entre deux graduations d'un ruban à mesurer. Expliciter le résultat d'un mesurage: – à l'aide de nombres entiers; – à l'aide d'un encadrement. Utiliser le résultat du mesurage à l'aide d'une même unité de référence pour comparer des objets du point de vue de leur longueur, les classer et les ranger.	Utiliser la règle graduée en centimètres pour: – mesurer les longueurs d'objets réels, d'objets représentés, de lignes brisées ou de segments; – construire des objets ou tracer des segments de longueurs données. Exprimer le résultat du mesurage d'une longueur: – la mesure de la longueur est égale à un nombre entier de centimètres. – la mesure de la longueur est comprise entre deux nombres entiers de centimètres. Introduire un instrument de mesure construit à partir d'une unité conventionnelle de mesure des longueurs – le centimètre – et utilisé par tout le monde, à l'école et en dehors de l'école.
Cours Élémentaire	Utiliser des instruments de mesure des longueurs: – instrument construit à partir d'une unité non conventionnelle et utilisant un système non décimal: • la coudée royale égyptienne divisée en 7 palmes; • le palme divisé en 4 doigts. – instrument construit à partir d'une unité conventionnelle et utilisant le système décimal: • le mètre divisé en 10 décimètres; • le décimètre divisé en 10 centimètres; • le centimètre divisé en 10 millimètres. Introduire les unités conventionnelles de mesure des longueurs: le mètre et ses sous-multiples (décimètre, centimètre et millimètre).	Utiliser la règle graduée en centimètres pour: – mesurer les longueurs d'objets réels, d'objets représentés, de lignes brisées ou de segments; – construire des objets ou tracer des segments de longueur donnée. Exprimer le résultat du mesurage d'une longueur: – la mesure de la longueur est égale à un nombre entier de centimètres. – la mesure de la longueur est comprise entre deux nombres entiers de centimètres. – la mesure de la longueur est égale à un nombre entier de centimètres et un nombre entier de millimètres.

I - LES LONGUEURS
EN GRANDE SECTION

Séquence 1 : Classer des livres selon leur hauteur

1 – Classer des livres sur des étagères
2 – Dessiner des livres classés sur des étagères
3 – Ranger des livres sur la bonne étagère
4 – Retrouver le dos qui appartient au livre
5 – Le loto des livres

Séquence 2 : Comparer directement des objets selon leur longueur

6 – Classer des objets
7 – Du moins long au plus long
8 – Dessiner des objets rangés dans l'ordre
9 – Ranger dans l'ordre croissant ou décroissant
10 – Compléter une suite ordonnée
11 – Le jeu des tours

Séquence 3 : Comparer des objets selon leur longueur en utilisant des moyens indirects

12 – Comparer des bandes à l'aide d'un étalon
13 – Ranger des bandes par ordre de longueur
14 – Le jeu des routes

Séquence 4 : Comparer des objets selon leur longueur en utilisant un étalon

15 – Comparer des chemins à l'aide d'un étalon
16 – Ranger des chemins par ordre de longueur
17 – Le memory des chemins
18 – Les dominos des chemins

Séquence 1 : Classer des livres selon leur hauteur.

Objectifs

- Comparer des livres du point de vue de la hauteur de leur dos.
- Mettre au point une procédure qui permette de formuler l'une des conclusions suivantes :
  - les deux livres ont la même hauteur ;
  - les deux livres n'ont pas la même hauteur.
- Utiliser le vocabulaire de comparaison de deux livres du point de vue de la hauteur de leur dos.

Progression

Activité 1 : manipulation
Activité 2 : représentation
Activités 3 et 4 : exercices
Activité d'accompagnement

Séquence 2 : Comparer directement des objets selon leur longueur.

Objectifs

- Comparer des objets du point de vue de leur longueur.
- Mettre au point une procédure de comparaison directe et l'utiliser : juxtaposition ou superposition.
- Formuler la conclusion d'une comparaison à l'aide de l'une des expressions :
  - l'objet A est *plus long que* l'objet B ;
  - l'objet B est *moins long que* l'objet A ;
  - l'objet C est *aussi long que* l'objet D.

Progression

Activités 6 et 7 : manipulation
Activité 8 : représentation
Activités 9 et 10 : exercices
Activité d'accompagnement

Séquence 3 : Comparer des objets selon leur longueur en utilisant des moyens indirects.

Objectifs

- Comparer des objets du point de vue de leur longueur en utilisant des moyens indirects :
  - un objet de référence suffisamment long ;
  - un étalon choisi arbitrairement.

- Mettre au point une procédure de comparaison indirecte et l'utiliser :
  - report de la longueur de l'objet examiné sur un objet plus long que tous les objets à comparer et marquage de cet objet ;
  - report de la longueur d'un objet plus court que tous les objets à examiner et dénombrement des reports effectués.

- Expliciter le résultat d'une comparaison :
  - oralement, à l'aide de l'une des expressions : l'objet A est *plus long que* l'objet B ou l'objet B est *moins long que* l'objet A.
  - par écrit en listant les signes distinctifs des différents objets comparés (couleurs, marques particulières, etc.) dans l'ordre croissant ou décroissant des longueurs.

Progression

Activité 12 : appropriation du problème
Activité 13 : application
Activité d'accompagnement

Séquence 4 : Comparer des objets selon leur longueur en utilisant un étalon.

Objectifs

- Comparer des objets du point de vue de leur longueur en utilisant un étalon choisi arbitrairement.

- Mettre au point une procédure de comparaison à l'aide d'un étalon de référence et l'utiliser :
  - dénombrement d'objets de même longueur que l'étalon ;
  - recouvrement sans trous ni chevauchements d'un objet à l'aide de plusieurs exemplaires de l'étalon de référence et dénombrement des exemplaires utilisés ;
  - report de la longueur de l'étalon et dénombrement des reports effectués.

- Expliciter le résultat d'une comparaison :
  - oralement, à l'aide de l'une des expressions : l'objet A est *plus long que* l'objet B ou l'objet B est *moins long que* l'objet A.
  - par écrit en utilisant un tableau traduisant la correspondance entre les signes distinctifs des différents objets comparés (couleurs, marques particulières, etc.) et les mesures des longueurs, l'unité étant la longueur de l'étalon de référence.

Progression

Activité 15 : appropriation du problème
Activité 16 : application
Activités d'accompagnement

Classer des livres sur des étagères

Séquence 1 : classer des livres selon leur hauteur.

Comparer des livres du point de vue de la hauteur de leur dos.

Mettre au point une procédure qui permette de formuler l'une de ces conclusions :
– les deux livres ont la même hauteur ;
– les deux livres n'ont pas la même hauteur.

Utiliser le vocabulaire de comparaison de deux livres du point de vue de la hauteur de leur dos.

Les élèves travaillent par groupes.

Les livres de la classe, de formats différents.
Des étagères pouvant recevoir les livres en question.

Répartir les livres dans les différents groupes, de façon qu'il y ait des ouvrages de trois ou quatre hauteurs différentes dans chaque groupe.

Chaque groupe doit placer les livres sur les rayons d'une étagère : deux livres qui se ressemblent doivent être placés sur un même rayon ; deux livres qui sont différents doivent être mis sur des rayons différents.

Orienter les enfants vers le critère de la hauteur
Différents classements seront probablement proposés par les enfants. Si le classement selon le critère de la hauteur ne vient pas, on pourra commencer par attirer l'attention des enfants sur le format des livres, puis placer côte à côte deux livres de même hauteur, leur opposer un livre qui n'a pas la même hauteur et demander aux enfants d'expliquer pourquoi les deux livres ont été mis ensemble et pourquoi le troisième n'est pas mis avec eux.

Accepter différentes procédures en les explicitant
Différentes procédures peuvent être mises en œuvre pour comparer les livres du point de vue de leur hauteur : comparaison à l'œil nu, pour des livres de hauteurs très différentes ou juxtaposition ou superposition, pour des livres de hauteurs voisines. Il faut alors faire préciser que les comparaisons se font à partir de repères communs aux deux livres.

Bord inférieur contre bord inférieur

livres placés « debout » livres placés « couchés »

Bord supérieur contre bord supérieur

livres placés « debout » livres placés « couchés »

Certains livres sont plus larges que hauts. Il faut alors préciser que la position retenue est celle où le dos du livre est placé verticalement.

Activité 2

Dessiner des livres classés sur des étagères

Séquence 1 : classer des livres selon leur hauteur.	
	Comparer des livres du point de vue de la hauteur de leur dos. Mettre au point une procédure qui permette de formuler l'une des conclusions suivantes : – les deux livres ont la même hauteur ; – les deux livres n'ont pas la même hauteur.
	Utiliser le vocabulaire de comparaison de deux livres du point de vue de la hauteur de leur dos.
	Les élèves travaillent individuellement.
	Feuilles de papier et crayons de couleur.
	Consigne Dessiner ce que l'on voit sur les étagères quand on a terminé le classement. Quelqu'un qui ne sait pas pourquoi les livres sont sur une étagère et pas sur une autre doit pouvoir le deviner en regardant le dessin.
	Attirer l'attention des enfants sur les détails qui doivent apparaître sur le dessin : – on ne dessine que le dos des livres ; – les livres sont posés sur le rayon, ils sont en contact avec lui ; – sur un même rayon, les parties hautes des livres sont alignées. 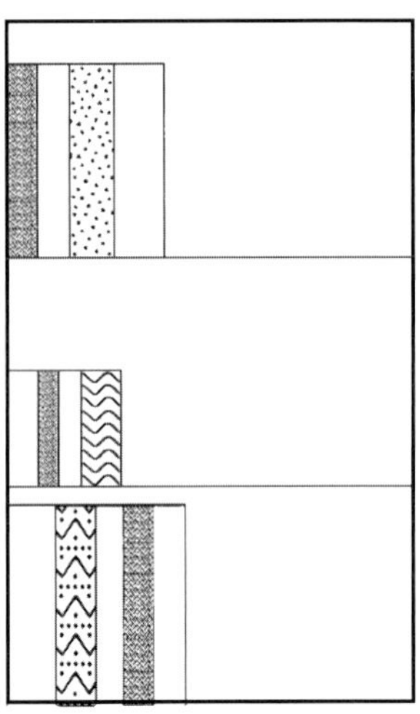

Ranger des livres sur la bonne étagère

Séquence 1 : classer des livres selon leur hauteur.	
	Comparer des livres du point de vue de la hauteur de leur dos. Mettre au point une procédure qui permette de formuler l'une des conclusions suivantes : – les deux livres ont la même hauteur ; – les deux livres n'ont pas la même hauteur.
	Utiliser le vocabulaire de comparaison de deux livres du point de vue de la hauteur de leur dos.
	Les élèves travaillent individuellement.
	Fiche de travail. Ciseaux, colle.
	Consigne Une étagère est dessinée. On a commencé à y placer des livres : sur un même rayon, on a mis des livres qui ont la même hauteur. Il y a des livres qui ne sont pas encore placés : il faut découper le dessin de leur dos et le coller sur la bonne étagère.
	On peut décliner cette activité en faisant varier : – le nombre de classes (deux ou trois). – le nombre de livres dans chaque classe (trois au moins, cinq au plus).

Ranger des livres sur la bonne étagère

Fiche de travail

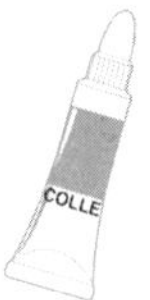

Colle les livres sur la bonne étagère.

Découpe les dessins des livres.

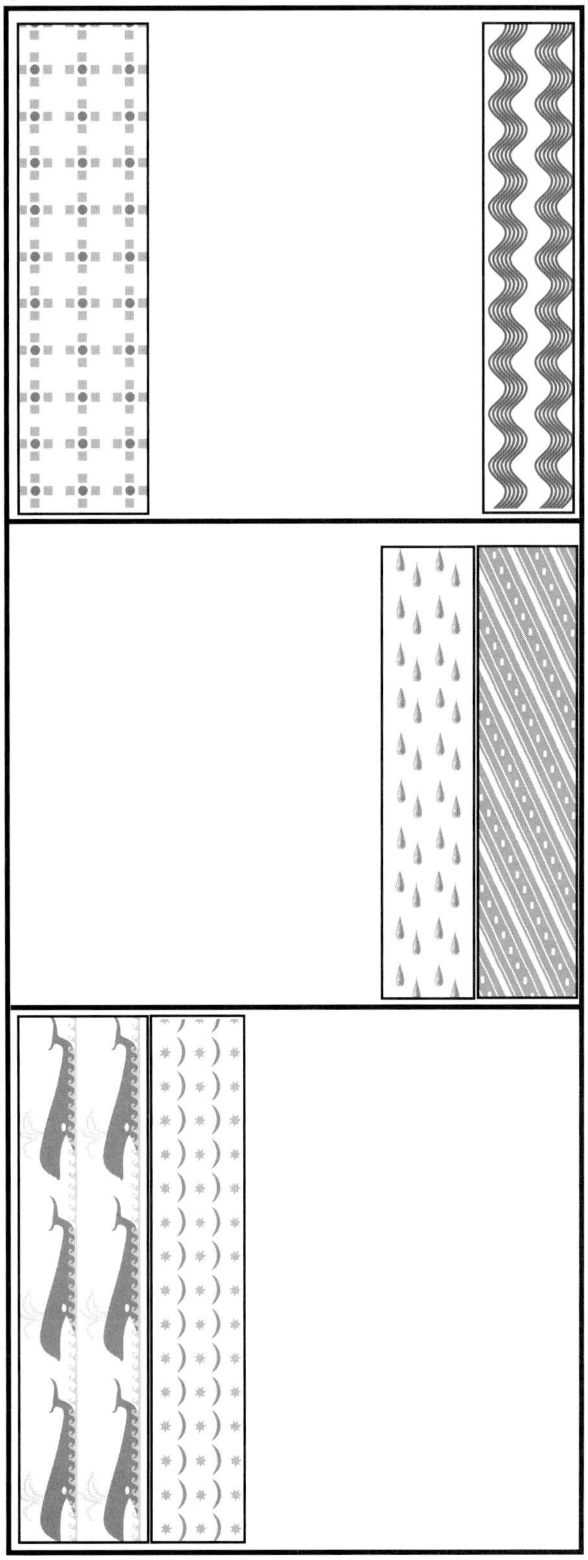

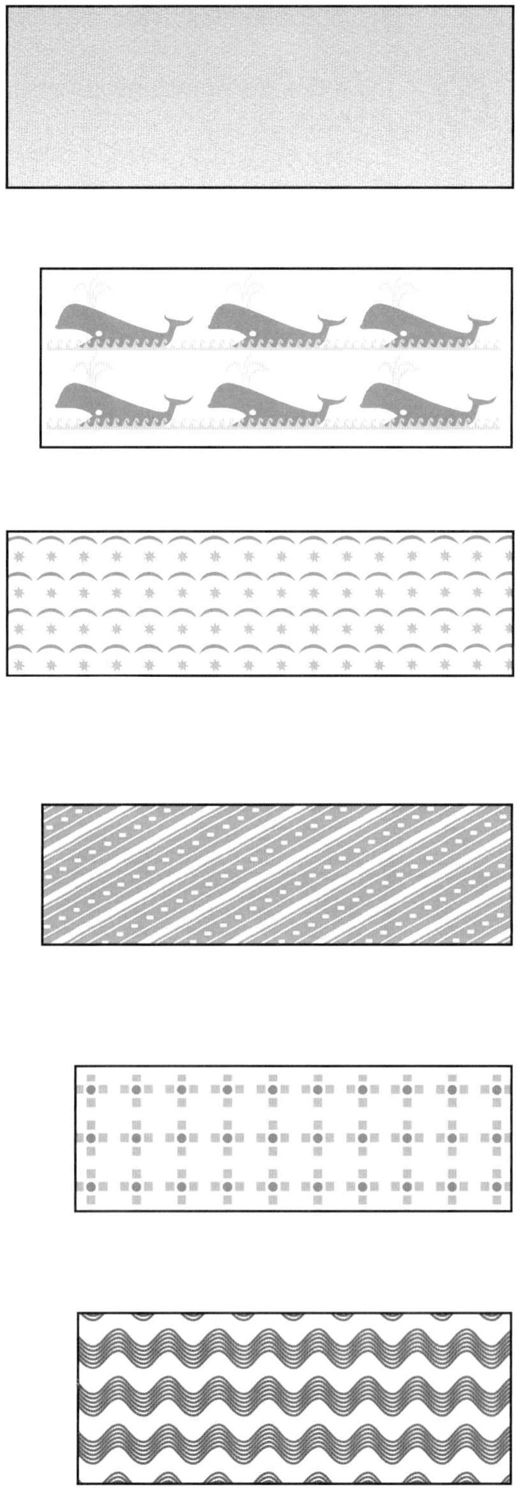

Retrouver le dos qui appartient au livre

Séquence 1 : classer des livres selon leur hauteur.	
	Comparer des livres du point de vue de la hauteur de leur dos. Mettre au point une procédure qui permette de formuler l'une des conclusions suivantes : – les deux livres ont la même hauteur ; – les deux livres n'ont pas la même hauteur.
	Utiliser le vocabulaire de comparaison de deux livres du point de vue de la hauteur de leur dos.
	Les élèves travaillent individuellement.
	Fiche de travail. Ciseaux, colle.
	Des livres ont été démontés : il ne reste plus que la première page et le dos du livre. Il faut remettre ensemble les « morceaux » d'un même livre.
	On peut décliner cette activité en faisant varier le nombre de livres : deux au moins, quatre au plus, ainsi que la présence ou non d'intrus parmi les dos.

Retrouver le dos qui appartient au livre

Fiche de travail

Découpe le dos des livres.

Dragodo est très malade

Octavia jongle avec les chiffres !

Calkulator sauve la cité

Pango part en voyage

Girafo veut grandir

1, 2, 3... Le compte est rond !

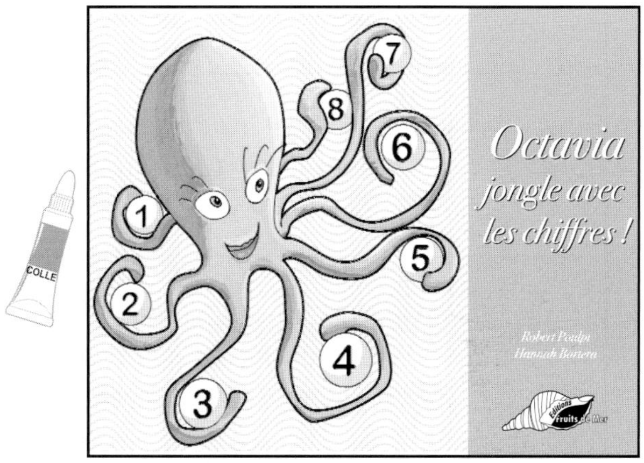

Ces couvertures ont été réalisées pour cette activité et les ouvrages n'existent pas dans le commerce.

Activité 5

Le loto des livres

Séquence 1 : classer des livres selon leur hauteur.	
	Comparer des objets du point de vue de l'une de leurs dimensions : – le dos d'un livre (déplaçable) ; – la première de couverture (fixe).
	Nombre de joueurs : trois ou quatre.
	Une plaque de jeu par joueur : sur cette plaque sont représentées les premières de couverture de quatre livres. Des bandes correspondant aux dos des livres en question.
	Règle du jeu Chaque joueur prend une plaque de jeu. Les bandes sont empilées sur la table et chaque joueur, à tour de rôle, prend la bande qui se trouve au-dessus du paquet. Il la compare avec ses premières de couverture, la pose sur celle qui lui correspond ou la remet dans la pioche sous le paquet de bandes. Le gagnant est celui qui a complété son carton le premier.
	Les représentations des premières de couverture peuvent avoir été produites par les enfants : un cadre est fourni par le maître, un titre est inscrit et l'enfant réalise l'illustration qui lui semble significative de l'ouvrage concerné. Les bandes simulant les dos des ouvrages sont découpées par l'enseignant.

Classer des objets

Séquence 2 : comparer directement des objets selon leur longueur.	
	Comparer des objets du point de vue de leur longueur. Mettre au point une procédure de comparaison directe et l'utiliser : juxtaposition ou superposition.
	Formuler la conclusion d'une comparaison à l'aide de l'une des expressions : l'objet A est *plus long que* l'objet B, l'objet B est *moins long que* l'objet A ou l'objet C est *aussi long que* l'objet D.
	Les élèves travaillent par groupes.
	Des objets manipulables par les groupes : – bandes découpées dans de la cartoline ou n'importe quel autre matériau rigide ; – rubans ou ficelles ; – baguettes ou pailles. Les objets d'une même sorte diffèrent seulement par leur longueur. Dans un groupe d'objets, chaque objet est identifiable par une marque particulière : couleur de l'objet lui-même ou gommette d'une forme ou d'une couleur donnée.
	Répartir les objets dans les différents groupes. **Consigne** Mettre ensemble les objets qui se ressemblent : – deux objets qui se ressemblent sont mis dans un même paquet ; – deux objets qui ne se ressemblent pas sont mis dans des paquets différents ; – tous les objets doivent être mis dans un paquet.

On prendra la précaution de faire expliquer comment placer les objets pour comparer leur longueur.

Superposition d'objets

Si on superpose les objets, comme le montre le schéma 1 (ce qui est possible avec les rubans ou les bandes de cartoline), ils doivent avoir une extrémité en commun (on ne voit que celle de l'objet du dessus) et les autres extrémités sont toutes visibles (cas de longueurs différentes) ou bien les objets sont les uns sur les autres (cas de longueurs égales) ;

Schéma 1

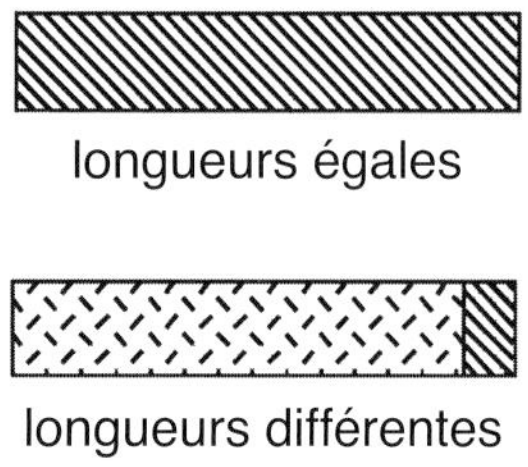

Alignement d'objets côte à côte

Si on place les objets côte à côte, comme le montre le schéma 2 (ce qui est obligatoire avec des baguettes ou des pailles), il faut choisir un repère rectiligne pour placer l'une des extrémités de chacun des objets, par exemple le bord d'une table ou une règle ou encore une cale, puis placer les objets de façon que les autres extrémités « fassent un escalier » (cas de longueurs différentes) ou bien soient aussi alignées (cas de longueurs égales).

Schéma 2

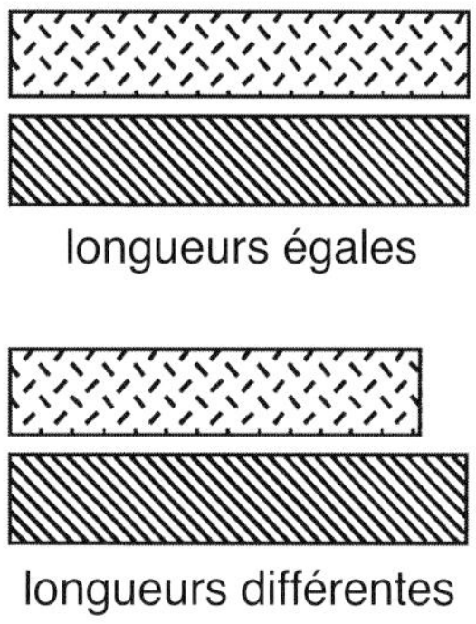

Du moins long au plus long

Séquence 2 : comparer directement des objets selon leur longueur.	
	Comparer des objets du point de vue de leur longueur. Mettre au point une procédure de comparaison directe et l'utiliser : juxtaposition ou superposition.
	Formuler la conclusion d'une comparaison à l'aide de l'une des expressions : l'objet A est *plus long que* l'objet B, l'objet B est *moins long que* l'objet A ou l'objet C est *aussi long que* l'objet D. Formuler la conclusion d'un rangement à l'aide de l'une des expressions : *du moins long au plus long* ou *du plus long au moins long*.
	Les élèves travaillent individuellement.
	Les groupes d'objets obtenus lors de l'activité 6.
	Consigne Prendre un objet dans chaque paquet (*cf.* activité 6). Ranger les objets sortis du moins long au plus long.
	Repères On attirera l'attention des enfants sur un certain nombre de points qui permettent de vérifier si les objets ont été rangés dans l'ordre croissant : – si l'on place les objets les uns à côté des autres, l'objet le plus court est le premier de la file et il est situé le plus à gauche ; – si l'on place les objets les uns en dessous des autres, l'objet le plus court est le premier de la pile et il est situé tout en haut ; – si les objets sont bien rangés, une des extrémités de chacun des objets est placée sur une ligne droite et les secondes extrémités sont sur une ligne qui ressemble à celle que dessinent les marches d'un escalier. **Disposition spatiale** Dans un premier temps, on laissera les enfants libres de choisir la disposition spatiale qui relève de l'ordre dans lequel les objets ont été rangés (de la gauche vers la droite ou bien du haut vers le bas), puis on demandera aux enfants d'adopter l'une ou l'autre des dispositions. **Formulation du résultat** On n'oubliera pas de faire verbaliser le résultat du rangement à l'aide d'une expression du type : j'ai rangé les objets *du plus court au plus long* ou j'ai rangé les objets *du plus long au plus court* selon l'ordre adopté.
	On pourra varier l'ordre dans lequel le rangement est effectué : ordre croissant ou ordre décroissant.

Activité 8

Dessiner des objets rangés dans l'ordre

Séquence 2 : comparer directement des objets selon leur longueur.	
	Comparer des objets du point de vue de leur longueur. Mettre au point une procédure de comparaison directe et l'utiliser : juxtaposition ou superposition.
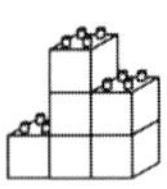	Formuler la conclusion d'une comparaison à l'aide de l'une des expressions : l'objet A est *plus long que* l'objet B, l'objet B est *moins long que* l'objet A, l'objet C est *aussi long que* l'objet D.
	Les élèves travaillent individuellement.
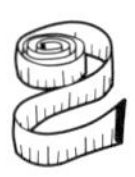	Feuilles de papier, crayons de couleur.
	**Consigne** Dessiner ce que l'on voit quand les objets ont été rangés dans l'ordre (*cf.* activité 7).
	On attirera l'attention des enfants sur les détails qui montrent que les objets sont rangés dans l'ordre, croissant ou décroissant, de leur longueur : – une des extrémités de chacun des objets est placée sur une ligne droite, qui peut être un bord de la feuille ; – les secondes extrémités sont sur une ligne qui ressemble à celle que dessinent les marches d'un escalier.

Ranger dans l'ordre croissant ou décroissant

Séquence 2 : comparer directement des objets selon leur longueur.	
	Comparer des objets du point de vue de leur longueur. Mettre au point une procédure de comparaison directe et l'utiliser : juxtaposition ou superposition.
	Formuler la conclusion d'une comparaison à l'aide de l'une des expressions : l'objet A est *plus long que* l'objet B, l'objet B est *moins long que* l'objet A ou l'objet C est *aussi long que* l'objet D. Formuler la conclusion d'un rangement à l'aide de l'une des expressions : *du moins long au plus long* ou *du plus long au moins long.*
	Les élèves travaillent individuellement.
	Fiche de travail. Ciseaux, colle.
	Des objets sont dessinés sur une feuille. Le but est de ranger ces objets dans l'ordre croissant ou dans l'ordre décroissant de leur longueur. **Consigne** Découper les objets dessinés. Ranger ces objets du moins long au plus long ou du plus long au moins long. Coller les objets en les laissant dans l'ordre.
	Varier la nature des objets On pourra utiliser divers objets : – des bandes découpées dans des matériaux différents ; – des représentations d'objets utilisés en classe (feutres, crayons, etc.) ou manipulés lors de l'approche d'une fête (les guirlandes ou les bougies du sapin de Noël, les serpentins de Carnaval, etc.) ; – des représentations d'objets jouant un rôle dans une comptine ou dans un conte exploité dans la classe.

Varier le nombre d'objets
On utilisera trois objets au moins et cinq au plus.

Varier la disposition
Différentes dispositions sont possibles pour expliciter le rangement, à partir d'une ligne verticale (1), ou de haut en bas (2), ou de bas en haut (3).

1

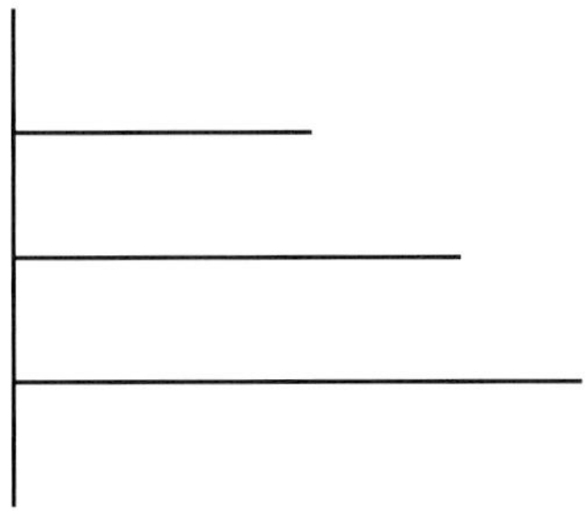

2

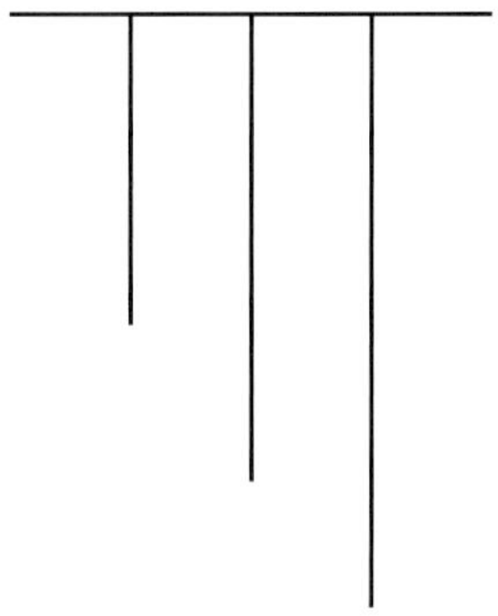

3

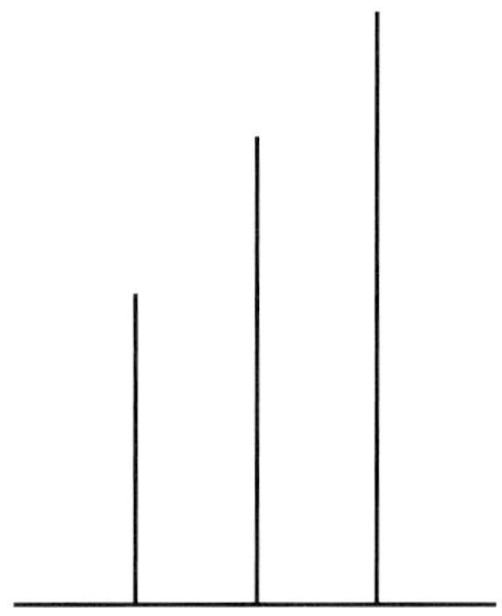

Ranger dans l'ordre croissant ou décroissant

Fiche de travail (variante A)

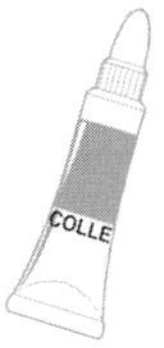

Colle les feutres dans l'ordre du plus court au plus long.

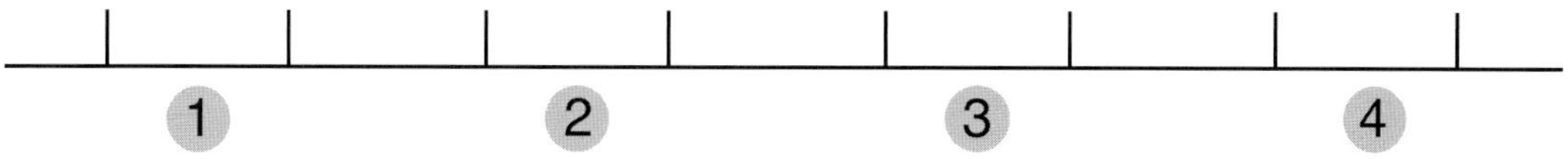

Découpe les feutres.

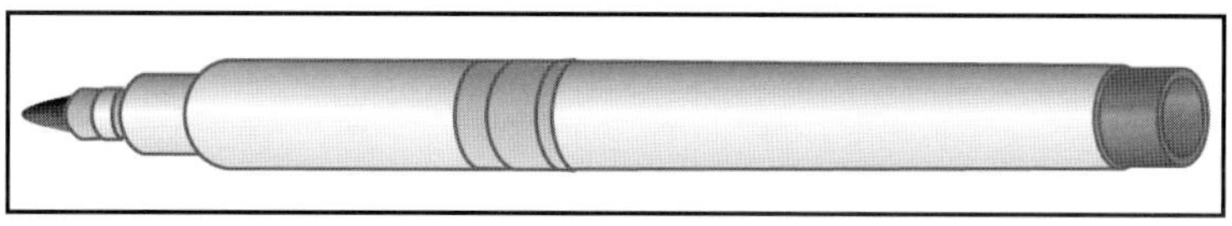

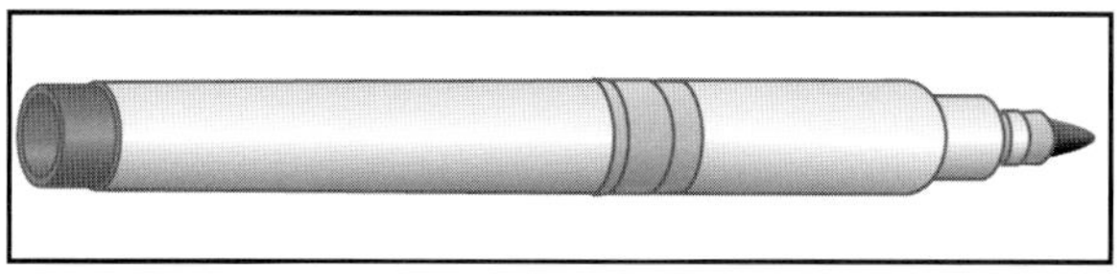

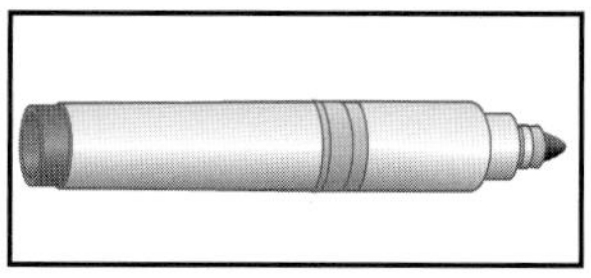

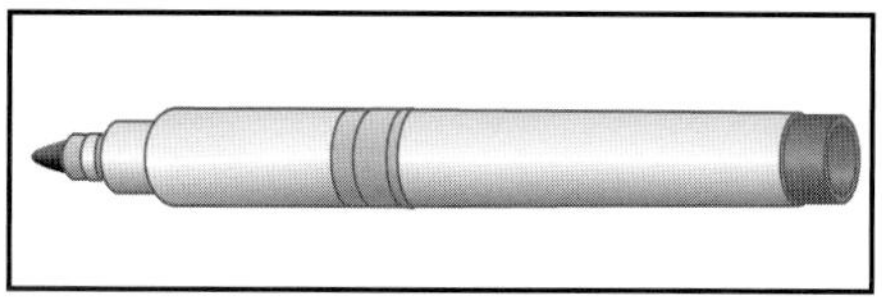

Ranger dans l'ordre croissant ou décroissant

Fiche de travail (variante B)

Colle les chaussettes dans l'ordre de la plus courte à la plus longue.

1 2 3 4

Découpe les chaussettes.

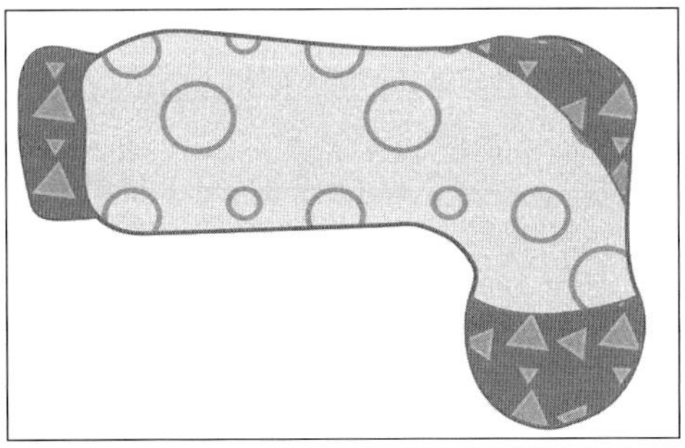

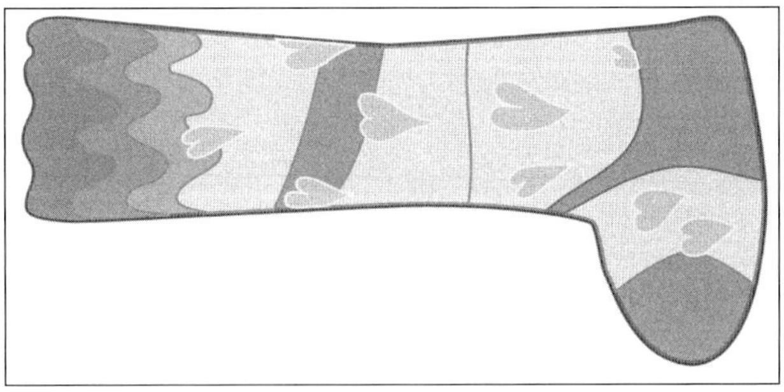

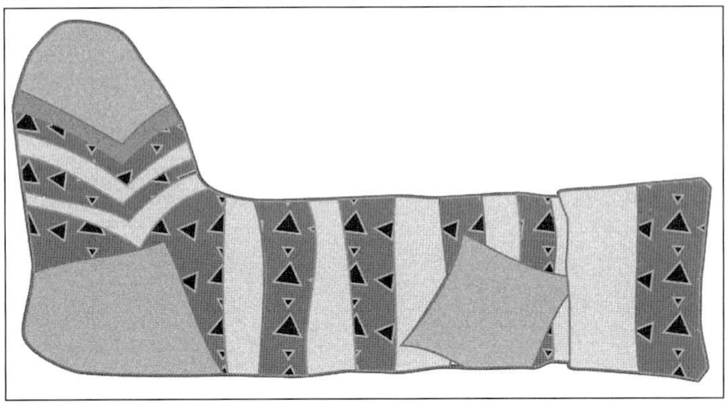

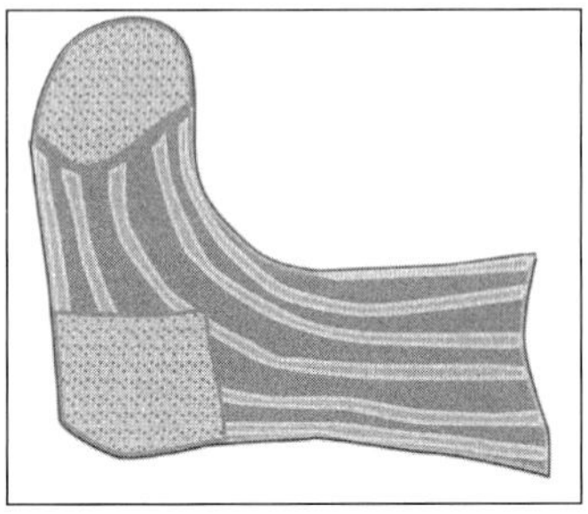

Compléter une suite ordonnée

Séquence 2 : comparer directement des objets selon leur longueur.	
	Comparer des objets du point de vue de leur longueur. Mettre au point une procédure de comparaison directe et l'utiliser : juxtaposition ou superposition.
	Formuler la conclusion d'une comparaison à l'aide de l'une des expressions : l'objet A est *plus long que* l'objet B, l'objet B est *moins long que* l'objet A ou l'objet C est *aussi long que* l'objet D.
	Les élèves travaillent individuellement.
	Fiche de travail. Ciseaux, colle.
	Des objets ont été dessinés ; ils étaient rangés dans l'ordre croissant ou décroissant de leur longueur. Certains objets ont été enlevés et placés sur une autre feuille ou masqués, mais on a encore un double sur une autre feuille. Le but est de reconstituer la suite ordonnée des objets. **Consigne** Observer la suite des objets et dire ce qui est arrivé au dessin. Découper les objets isolés et chercher s'ils peuvent remplacer les objets absents ou masqués pour retrouver l'ordre. Coller les objets qui remplacent ceux qui manquaient ou ceux qui étaient masqués.
	Varier la nature des objets **Varier la disposition** Différentes dispositions sont possibles pour représenter le rangement. **Varier le nombre d'objets** On utilisera trois objets au moins et cinq au plus. 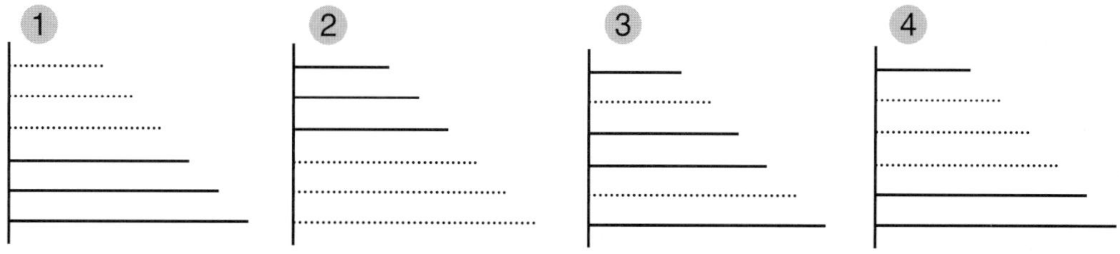 Différentes dispositions sont possibles : tous plus courts qu'un objet donné 1 ; tous plus longs qu'un objet donné 2 ; dispersés dans la suite 3 ; tous à la fois plus courts qu'un objet donné et plus longs qu'un autre 4.

Compléter une suite ordonnée

Fiche de travail (variante A)

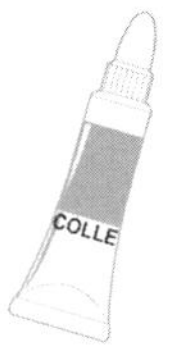

Colle les planches qui manquent.

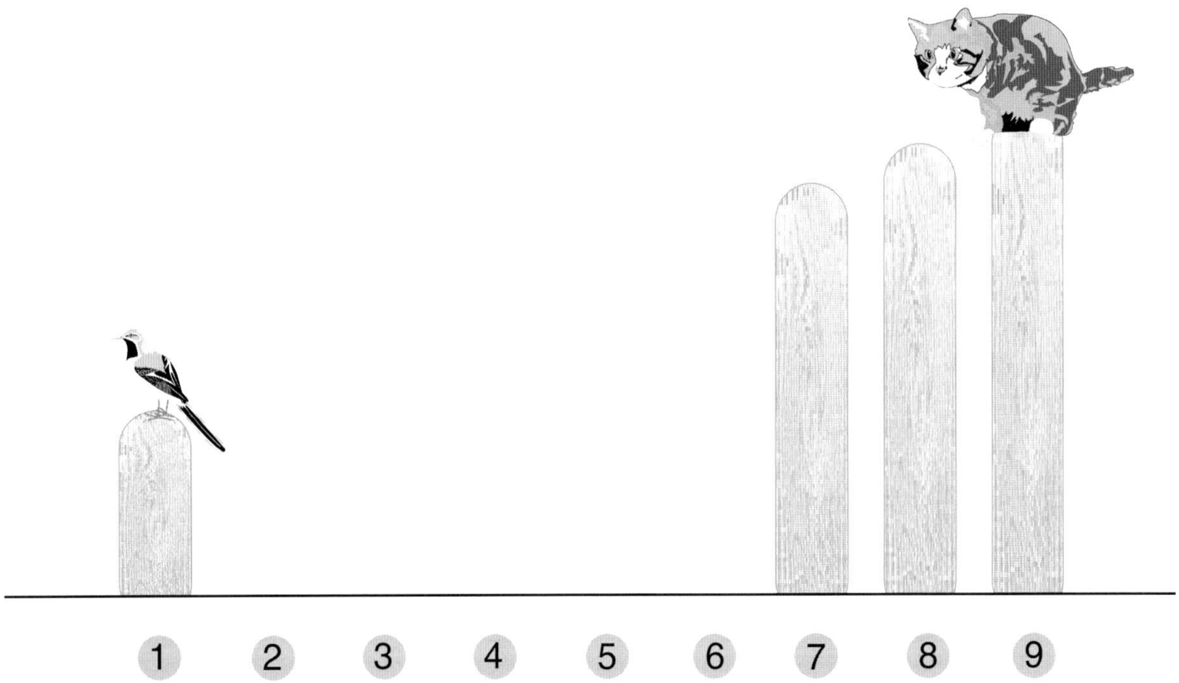

Découpe les planches.

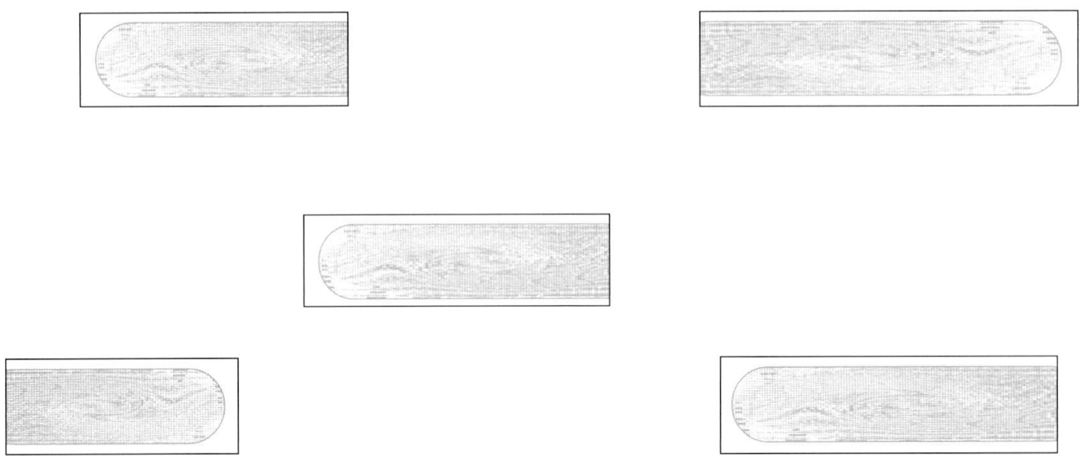

Compléter une suite ordonnée

Fiche de travail (variante B)

Colle les planches qui manquent.

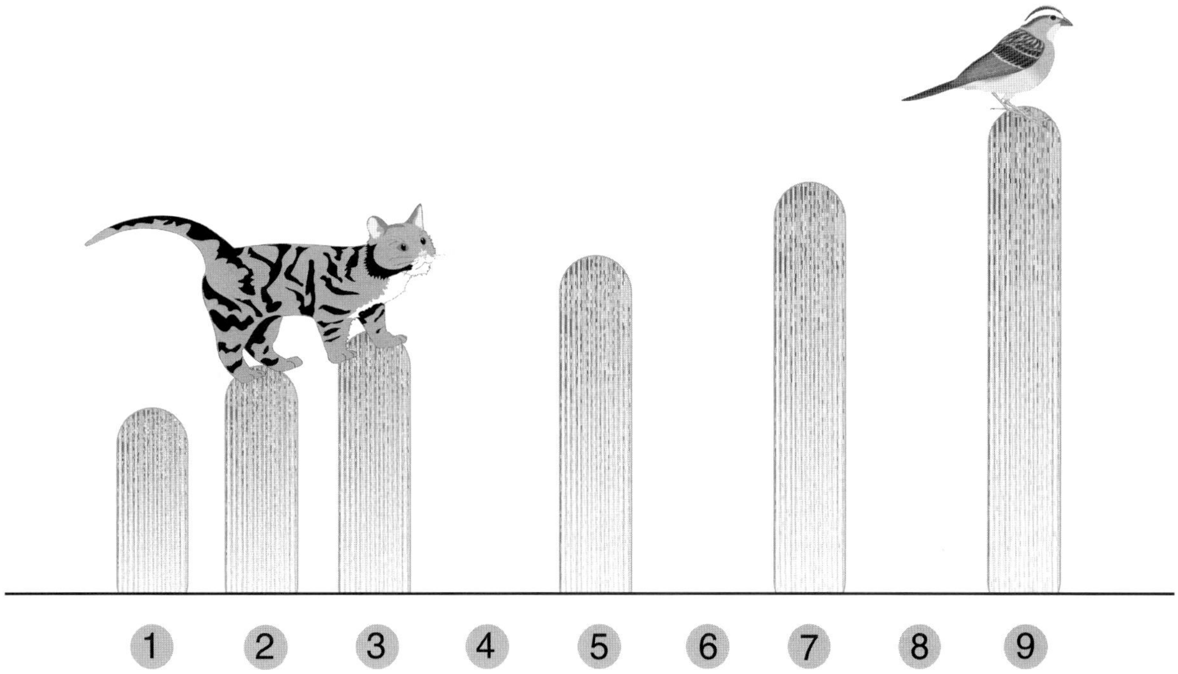

Découpe les planches.

Activité 11

Le jeu des tours

Séquence 2 : comparer directement des objets selon leur longueur.	
	Construire des tours ayant la même hauteur qu'une tour représentée à l'échelle 1 et vue de face. Comparer des maxi-tours du point de vue de leur hauteur.
	Nombre de joueurs : trois ou quatre.
	Des blocs LEGO® de huit, de trois ou quatre couleurs différentes. Des cartes représentant des tours construites à l'aide de ces blocs LEGO® : – les tours sont obtenues en assemblant 5, 4, 3 ou 2 blocs LEGO® ; – elles sont représentées à l'échelle 1 et vues de face.
	Règle du jeu Chaque joueur dispose d'une réserve de blocs LEGO®, tous de la même couleur. Les cartes sont empilées, faces cachées. **Première étape** Un joueur prend la carte qui est au-dessus du paquet, la retourne et doit construire une tour qui a la même hauteur que la tour représentée sur cette carte ; il conserve la carte ; chaque joueur joue trois fois. **Deuxième étape** Chaque joueur assemble ses trois tours pour obtenir une maxi-tour ; on compare les hauteurs des maxi-tours et on range les joueurs dans l'ordre décroissant des hauteurs des maxi-tours.
	Mise en œuvre Ce jeu peut être réalisé avec d'autres éléments emboîtables, à condition que ces éléments soient tous de la même hauteur. Les seize cartes sont obtenues en représentant des tours de quatre hauteurs différentes (ici : cinq, quatre, trois ou deux fois la hauteur d'un bloc LEGO®) et de quatre décors différents. **Validation** La superposition de la construction réalisée avec la représentation fournie est une façon de valider la réalisation. **Comparaison des maxi-tours** La comparaison des différentes maxi-tours réalisées peut s'effectuer directement en juxtaposant les tours ou indirectement, en dénombrant les éléments constituant les tours. La comparaison indirecte suppose une bonne connaissance de la comptine numérique jusqu'à dix-huit ou vingt-quatre ; elle n'est pas à exclure comme elle n'est pas à privilégier.

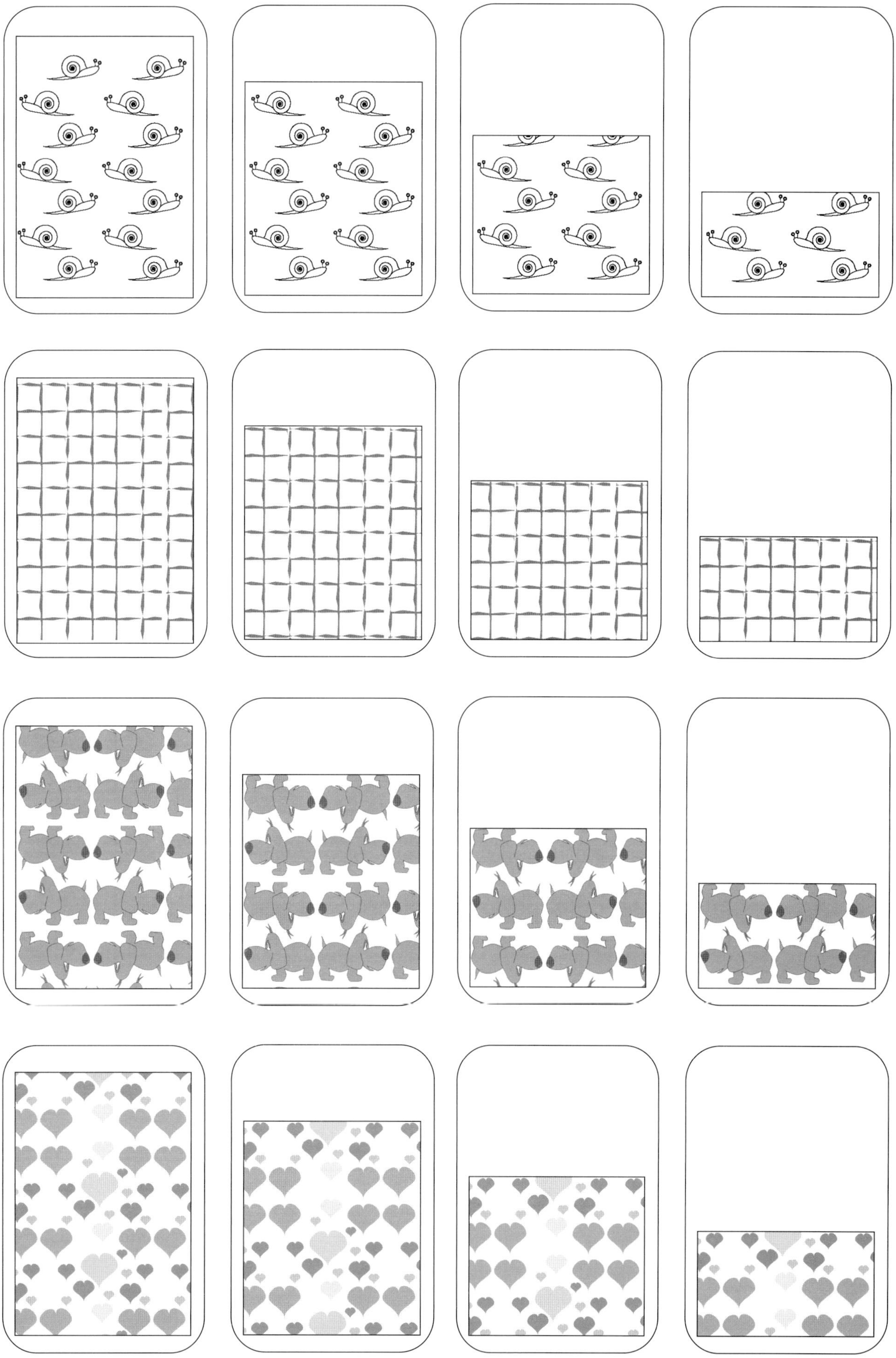

Activité 12

Comparer des bandes à l'aide d'un étalon

Séquence 3 : comparer des objets selon leur longueur en utilisant des moyens indirects.	
	Utiliser : – un objet de référence suffisamment long ; – un étalon choisi arbitrairement. Mettre au point une procédure de comparaison indirecte et l'utiliser : – report de la longueur de l'objet examiné sur un objet plus long que tous les objets à comparer et marquage de cet objet ; – report de la longueur d'un objet plus court que tous les objets à examiner et dénombrement des reports effectués.
	Expliciter le résultat d'une comparaison : – oralement, à l'aide de l'une des expressions : l'objet A est *plus long que* l'objet B, ou l'objet B est *moins long que* l'objet A ; – par écrit en listant les signes distinctifs des différents objets comparés (couleurs, marques particulières, etc.) dans l'ordre croissant ou l'ordre décroissant des longueurs.
	Les élèves travaillent collectivement.
	Bandes de papier de couleurs différentes et de longueurs différentes, cartons, crayons de couleur ou feutres (les mêmes couleurs que les bandes), ciseaux, colle.
	Objets mis à la disposition des groupes – quatre bandes sont collées sur une feuille de carton, au recto et au verso 1 ; – d'autres bandes ne sont pas collées. L'une est de couleur blanche, par exemple, et elle est plus longue que toutes les bandes collées 2 ; – les autres sont de même couleur (rouge par exemple) et de même longueur, cette longueur étant inférieure à la longueur de la plus courte des bandes collées par exemple 3 ; – la longueur des quatre bandes collées et de la grande bande non collée (bande blanche) est un multiple de la longueur d'une petite bande non collée (bande rouge). 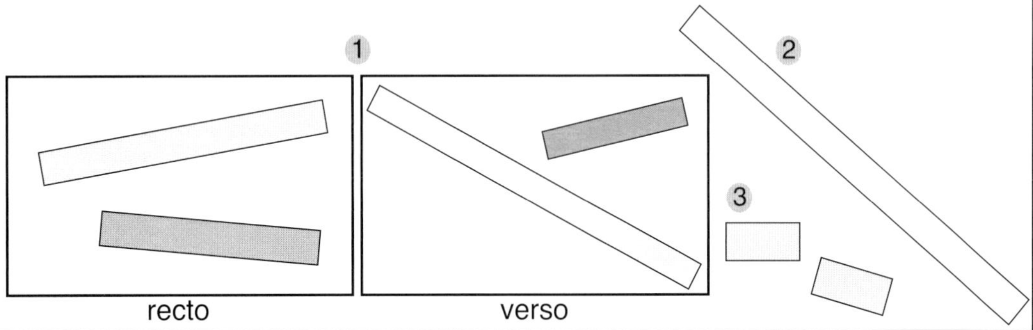

Observation

Dans une première phase, le maître questionne les élèves à propos du matériel collectif qui est visible par tout le monde. Il attire d'abord l'attention des élèves sur le nombre et la couleur des bandes, sur leur mobilité ou leur immobilité; les questions se font ensuite plus précises: les bandes ont-elles la même longueur? Comment peut-on faire pour le savoir?

Manipulation

Dans une seconde phase, le maître propose d'appliquer l'une des procédures proposées pour comparer les longueurs de deux bandes données: l'une des bandes collées au recto de l'affiche, l'autre au verso.

Rappeler les procédures de comparaison directe

La première phase donne l'occasion de rappeler les procédures de comparaison directe applicables à des objets manipulables, à savoir la juxtaposition et la superposition. Ces procédures sont utilisables pour comparer les bandes non collées entre elles ou pour comparer une bande non collée et n'importe laquelle des bandes collées.

Expliciter les procédures de comparaison indirecte

Cette première phase permet également de chercher une solution pour comparer les bandes collées entre elles. Deux procédures peuvent être proposées:

- P1 : recouvrir chaque bande avec des exemplaires de la plus petite de toutes les bandes non collées (bande rouge);
- P2: reporter la longueur de chaque bande sur la plus grande des bandes non collées (la bande blanche), ce qui suppose le marquage d'une origine sur la grande bande et l'identification des repères effectués.

La seconde phase doit permettre d'attirer l'attention des enfants sur les précautions à prendre pour pouvoir conclure.

Dans le cas de la procédure P1, pour chaque bande examinée:

- on place des exemplaires de la petite bande (bande rouge) bout à bout sur la bande examinée: il ne doit pas y avoir d'espace entre les petites bandes, les petites bandes ne doivent pas se chevaucher et la bande examinée doit être complètement cachée;
- on compte combien de petites bandes on a utilisées pour recouvrir la bande examinée et on écrit ce nombre en l'associant à la couleur de la bande (de la même couleur ou à côté d'une tache de la couleur de la bande);
- on compare ensuite les nombres écrits: la bande la plus courte est celle qui correspond au plus petit nombre.

Dans le cas de la procédure P2, il faut d'abord orienter la grande bande blanche; pour chaque bande examinée:

- on place la grande bande blanche contre la bande examinée, comme si on voulait les comparer;
- on marque un trait de la même couleur que la bande examinée sur la grande bande blanche;
- on regarde ensuite comment les marques de couleur sont placées sur la grande bande: la bande la plus courte est celle dont la marque sur la grande bande vient avant l'autre.

Activité 13

Ranger des bandes par ordre de longueur

Séquence 3 : comparer des objets selon leur longueur en utilisant des moyens indirects.

Utiliser :
- un objet de référence suffisamment long ;
- un étalon choisi arbitrairement.

Mettre au point une procédure de comparaison indirecte et l'utiliser :
- report de la longueur de l'objet examiné sur un objet plus long que tous les objets à comparer et marquage de cet objet ;
- report de la longueur d'un objet plus court que tous les objets à examiner et dénombrement des reports effectués.

Expliciter le résultat d'une comparaison :
- oralement, à l'aide de l'une des expressions : l'objet A est *plus long que* l'objet B ou l'objet B est *moins long que* l'objet A ;
- par écrit en listant les signes distinctifs des différents objets comparés (couleurs, marques particulières, etc.) dans l'ordre croissant ou l'ordre décroissant des longueurs.

Les élèves travaillent par groupes de deux.

C'est le même matériel qui est distribué aux différents groupes : bandes de papier de couleurs différentes et de longueurs différentes dont certaines sont collées au recto et au verso d'une feuille.

Consigne

Ranger toutes les bandes collées ou non, de la moins longue à la plus longue.

Présenter par écrit le rangement obtenu.

Objectifs

Il s'agit de permettre aux enfants :
- d'appliquer une procédure de leur choix pour comparer des objets qui ne sont ni tous visibles simultanément, ni tous déplaçables ;
- de trouver des moyens de communiquer par écrit les résultats de la comparaison :
  - dans le cas de la procédure P1 (*cf.* activité 12), il suffit d'ordonner les taches de couleur en fonction des nombres qui leur sont associés ;
  - dans le cas de la procédure P2, il suffit de reproduire les traits dans l'ordre où ils se présentent sur la grande bande (bande blanche) ;
- de vérifier que des procédures différentes permettent d'aboutir aux mêmes résultats.

Pour aller plus loin

On pourra éventuellement exploiter les traces écrites produites par les enfants pour les conduire à argumenter leur réponse aux questions du type : *La bande B1 est-elle plus longue que la bande B2 ?*, la réponse étant formulée de l'une des manières suivantes, selon la procédure adoptée : *Non (oui), il faut moins (plus) de bandes rouges pour recouvrir la bande B1 que la bande B2* ou *Non, la marque de la bande B1 sur la bande blanche vient avant la marque de la bande B2 sur cette bande.*

Le jeu des routes

Séquence 3 : comparer des objets selon leur longueur en utilisant des moyens indirects.	
	Rechercher un objet ayant la même longueur qu'un objet donné. Comparer des routes du point de vue de leur longueur.
	Nombre de joueurs : trois ou quatre.
	Un plan de jeu sur lequel sont dessinées trois ou quatre routes rectilignes, de même longueur, bornées par un point de départ et un point d'arrivée. Vingt cartes représentant des réglettes de quatre longueurs différentes, chacune des longueurs étant un multiple d'une unité de longueur choisie arbitrairement et étant représentée par cinq réglettes discernables par leur symbole. Des réglettes mobiles de quatre longueurs différentes (les mêmes que celles des réglettes représentées sur les cartes) et de trois ou quatre trames différentes. Une règle plus longue que chacune des routes (non fournie dans la fiche de travail).
	Règle du jeu Chaque joueur dispose d'une réserve de réglettes mobiles de la même couleur, à raison de trois exemplaires pour chaque longueur. Les cartes sont battues, puis empilées, faces cachées. Chaque joueur choisit l'une des routes. Chaque joueur, à tour de rôle, prend la carte qui est au-dessus du paquet et la retourne : – il doit rechercher une réglette mobile qui a la même longueur que la réglette représentée sur la carte tirée ; – il utilise la réglette mobile pour « paver » un morceau de la route à partir du départ ; – il conserve la carte qu'il a retournée. Chaque joueur joue trois fois, puis on compare les longueurs des routes qui ont été pavées et on range les joueurs dans l'ordre décroissant de ces longueurs.
	La comparaison des différentes parties pavées peut s'effectuer : – à l'œil nu, si les longueurs sont très différentes ; – directement, si l'on accepte d'assembler les différentes réglettes avec du ruban adhésif ; – indirectement, après avoir repéré la fin de la zone pavée et en utilisant une règle plus longue que chacune des routes ou en utilisant les graduations marquées sur les routes.
	Une variante consiste à graduer chaque route en fonction de l'unité choisie pour mesurer les longueurs des réglettes.

Le jeu des routes

Fiche de travail (variante A)

Route n° 1 | Route n° 2 | Route n° 3 | Route n° 4

Le jeu des routes

Fiche de travail (variante B)

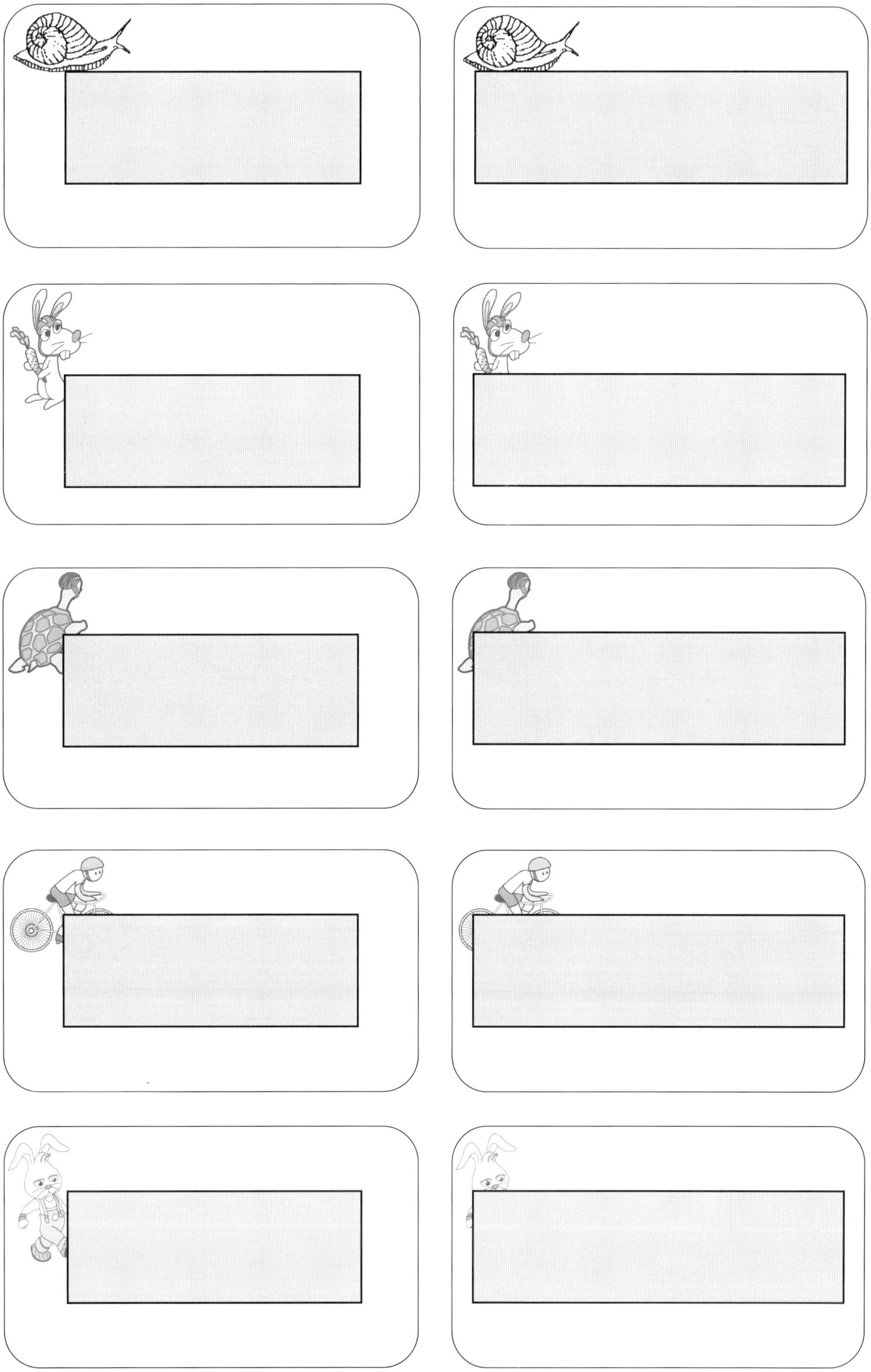

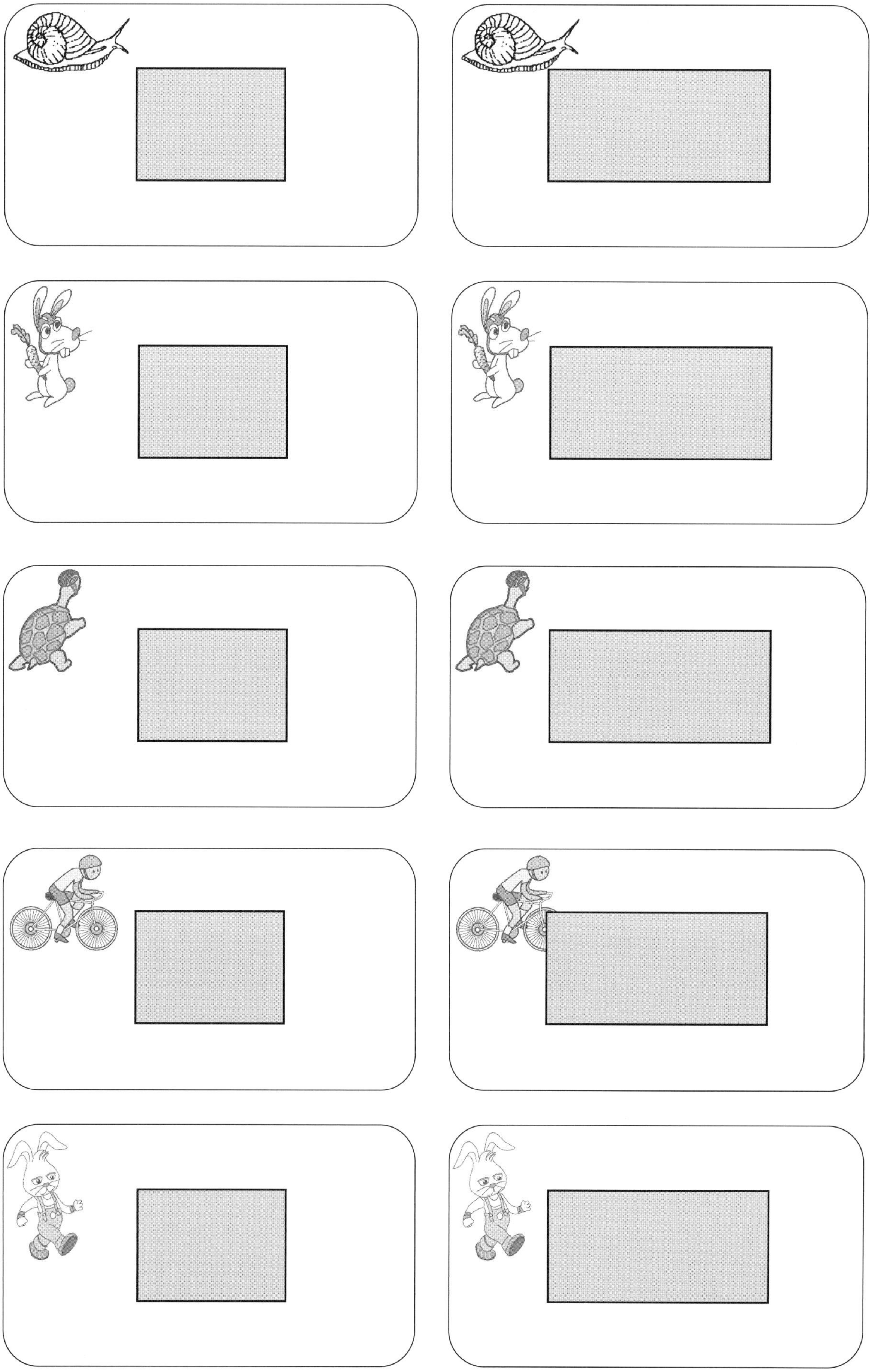

Découpe les réglettes.

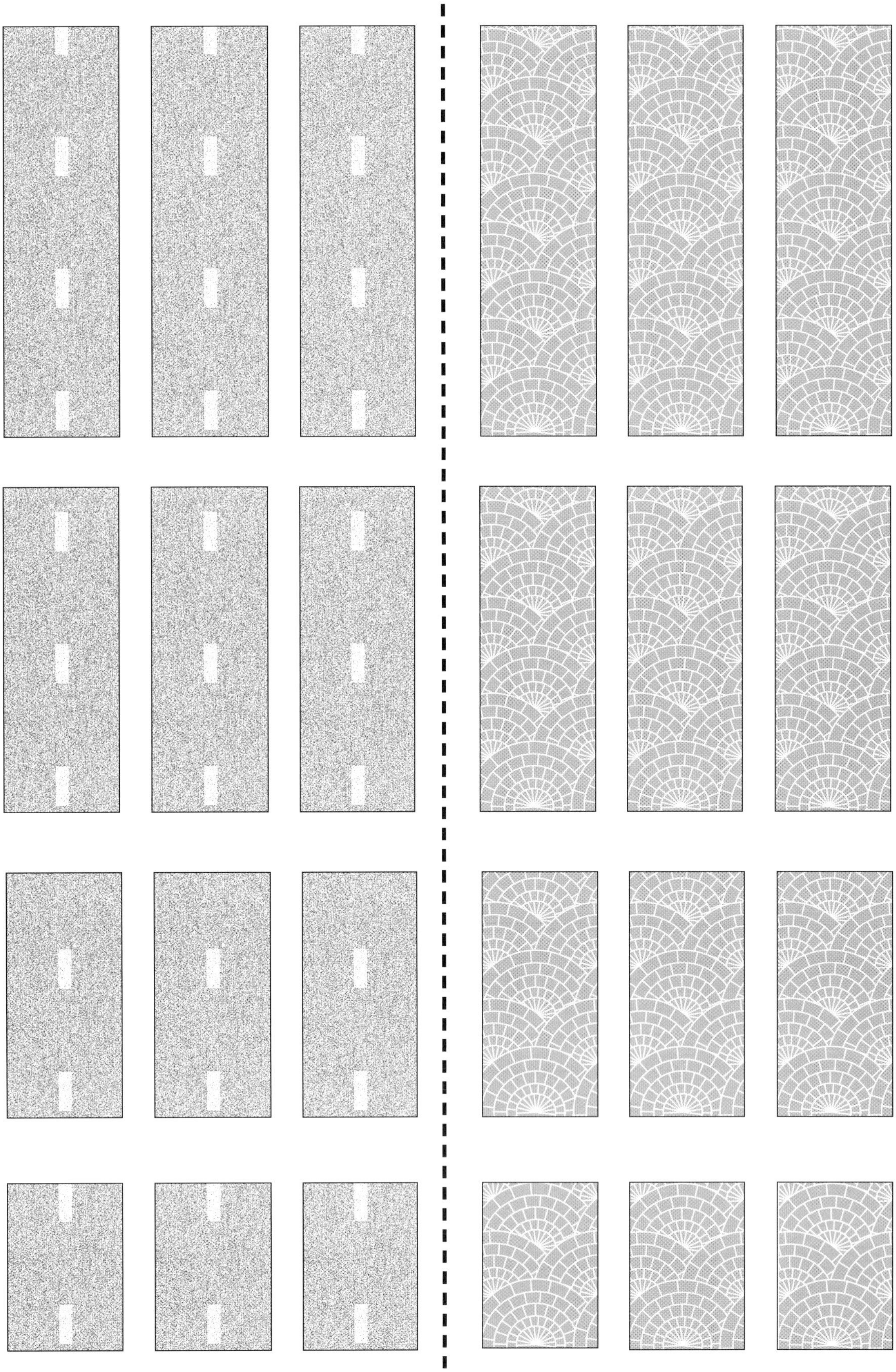

Découpe les réglettes.

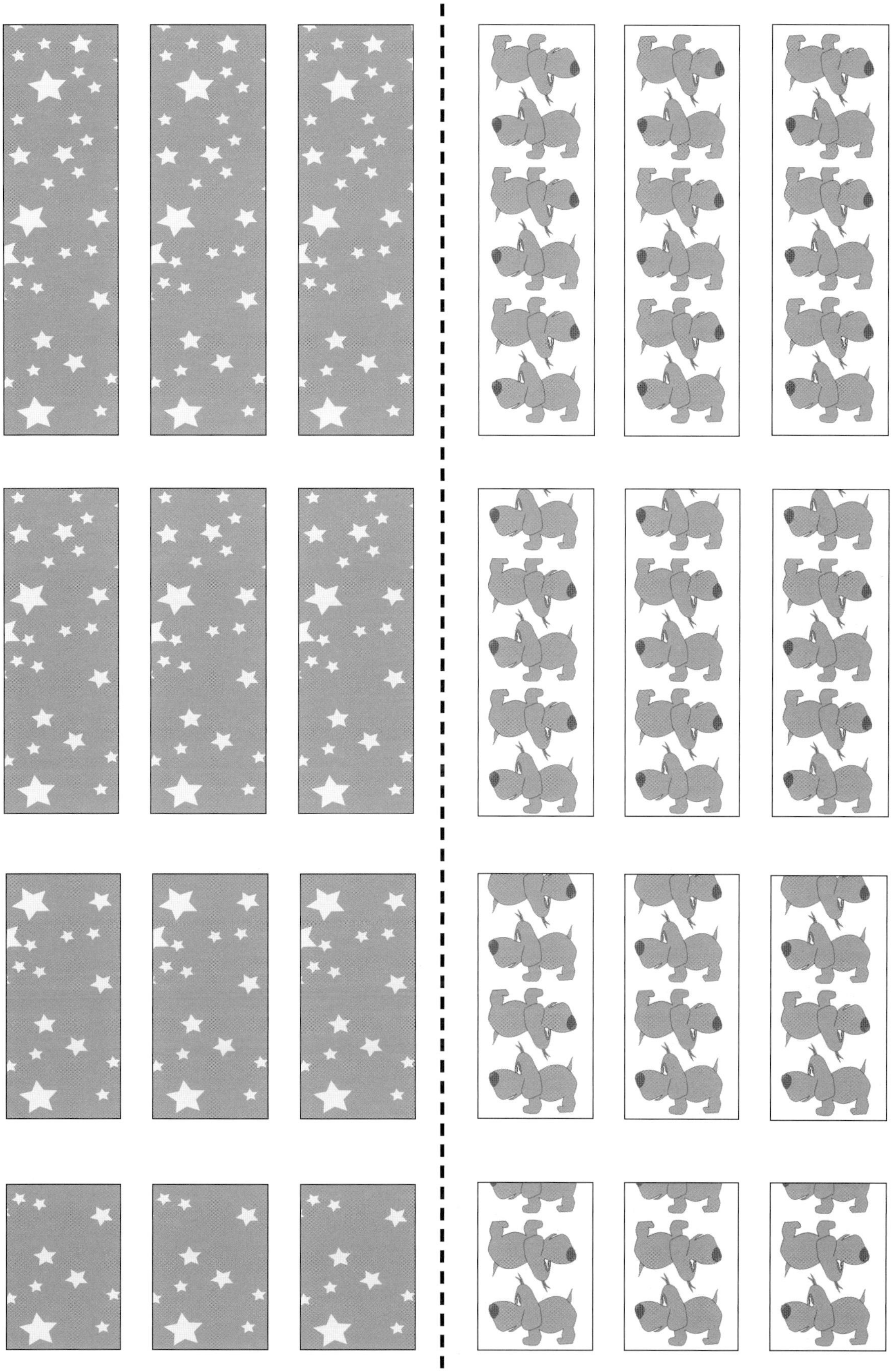

Activité 15

Comparer des chemins à l'aide d'un étalon

Séquence 4 : comparer des objets selon leur longueur en utilisant un étalon.	
	Utiliser un étalon choisi arbitrairement. Mettre au point une procédure de comparaison à l'aide d'un étalon de référence et l'utiliser de la façon suivante : – dénombrement d'objets de même longueur que l'étalon ; – recouvrement, sans trous ni chevauchements, d'un objet à l'aide de plusieurs exemplaires de l'étalon de référence et dénombrement des exemplaires utilisés ; – report de la longueur de l'étalon et dénombrement des reports effectués.
	Expliciter le résultat d'une comparaison : – oralement, à l'aide de l'une des expressions : l'objet A est *plus long que* l'objet B ou l'objet B est *moins long que* l'objet A ; – par écrit, en utilisant un tableau traduisant la correspondance entre les signes distinctifs des différents objets comparés (couleurs, marques particulières, etc.) et les mesures des longueurs, l'unité étant la longueur de l'étalon de référence.
	Les élèves travaillent collectivement.
	Un étalon de référence fourni en plusieurs exemplaires : pailles, baguettes ou réglettes de bois, bandes découpées dans du carton fort ou tout autre matériau rigide et relativement indéformable. Quatre chemins : – deux chemins sont réalisés en mettant bout à bout des éléments de même nature et de même longueur que l'étalon de référence ; – deux chemins sont tracés en continu ou matérialisés par un objet d'un seul tenant comme de la ficelle ou un ruban ; leur longueur est un multiple de la longueur de l'étalon de référence. Ruban adhésif ou gomme-fix, ciseaux et colle.
	Dans une première phase, le maître questionne les élèves à propos du matériel collectif qui est visible par tout le monde. Il rappelle quelques éléments de l'histoire à laquelle sont empruntés les personnages. Il attire l'attention des élèves sur le nombre et la forme des chemins, sur la manière dont ils sont matérialisés. Les questions se font ensuite plus précises : quel est le chemin le plus long ? Comment peut-on faire pour le savoir ? Dans une seconde phase, le maître spécifie sa consigne : il faut comparer les longueurs des chemins en utilisant la même technique.

Contextualisation
La représentation des chemins peut être associée à l'exploitation d'un conte comme *Le Petit Poucet* ou *Roule Galette*, ou bien à une situation vécue en éducation motrice.

Choix des procédures
Les enfants peuvent être tentés de mettre en œuvre des procédures qui leur ont déjà permis de conclure :
- faire des comparaisons directes après avoir transformé les chemins initiaux : « démonter » les chemins, puis constituer des lignes droites avec les éléments mis bout à bout, déplier les chemins d'un seul tenant et placer les objets ainsi transformés côte à côte, et enfin comparer les objets obtenus.
- faire des comparaisons indirectes avec un objet plus long que tous les chemins : découper des ficelles de la même longueur que les différents chemins, puis comparer les longueurs des ficelles.
- faire des comparaisons partielles :
  - comparer les chemins segmentés entre eux : vérifier que les objets composant ces chemins sont de la même longueur ; dénombrer ces objets ; conclure en comparant les nombres obtenus ;
  - comparer les chemins continus entre eux, par exemple en utilisant un objet intermédiaire comme une ficelle plus longue que chacun des chemins matérialisés.

D'une part, on pourra attirer l'attention des enfants sur les chemins segmentés ou exploiter les remarques faites par certains d'entre eux ; il est facile de dire quel est le chemin le plus long, car il suffit de dénombrer les objets mis bout à bout et de chercher le plus grand nombre.

D'autre part, on pourra chercher à recouvrir les chemins continus avec les éléments (pailles ou réglettes ou bandes) composant les chemins segmentés, puis déterminer le nombre d'éléments nécessaires et enfin comparer les nombres ainsi obtenus.

Activité 16

Ranger des chemins par ordre de longueur

Séquence 4 : comparer des objets selon leur longueur en utilisant un étalon.	
	Utiliser un étalon choisi arbitrairement. Mettre au point une procédure de comparaison à l'aide d'un étalon de référence et l'utiliser de la façon suivante : – dénombrement d'objets de même longueur que l'étalon ; – recouvrement, sans trous ni chevauchements, d'un objet à l'aide de plusieurs exemplaires de l'étalon de référence et dénombrement des exemplaires utilisés ; – report de la longueur de l'étalon et dénombrement des reports effectués.
	Expliciter le résultat d'une comparaison : – oralement, à l'aide d'une des expressions : l'objet A est *plus long que* l'objet B, l'objet B est *moins long que* l'objet A ou l'objet C est *aussi long que* l'objet D ; – par écrit, en utilisant un tableau traduisant la correspondance entre les signes distinctifs des différents objets comparés (couleurs, marques particulières, etc.) et les mesures des longueurs, l'unité étant la longueur de l'étalon de référence.
	Les élèves travaillent par groupes de deux.
	Fiche de travail : réduction de l'étalon de référence, réduction de la représentation des chemins. Ciseaux et colle.
	Consigne Ranger tous les chemins du plus court au plus long. Présenter par écrit le rangement obtenu. La confrontation des résultats obtenus permet non seulement de répondre à la question posée, mais également d'utiliser le vocabulaire de comparaison de deux objets du point de vue de leur longueur.
	Il s'agit de permettre aux enfants : – d'appliquer la procédure de mesurage à l'aide d'un étalon pour comparer des objets qui ne sont pas déplaçables et qu'on ne peut pas transformer ; – de trouver des moyens de communiquer par écrit les résultats de la comparaison : il suffit d'ordonner les désignations des chemins en fonction des nombres qui leur sont associés.

Ranger des chemins par ordre de longueur

Fiche de travail

Découpe les réglettes.

Découpe les réglettes.

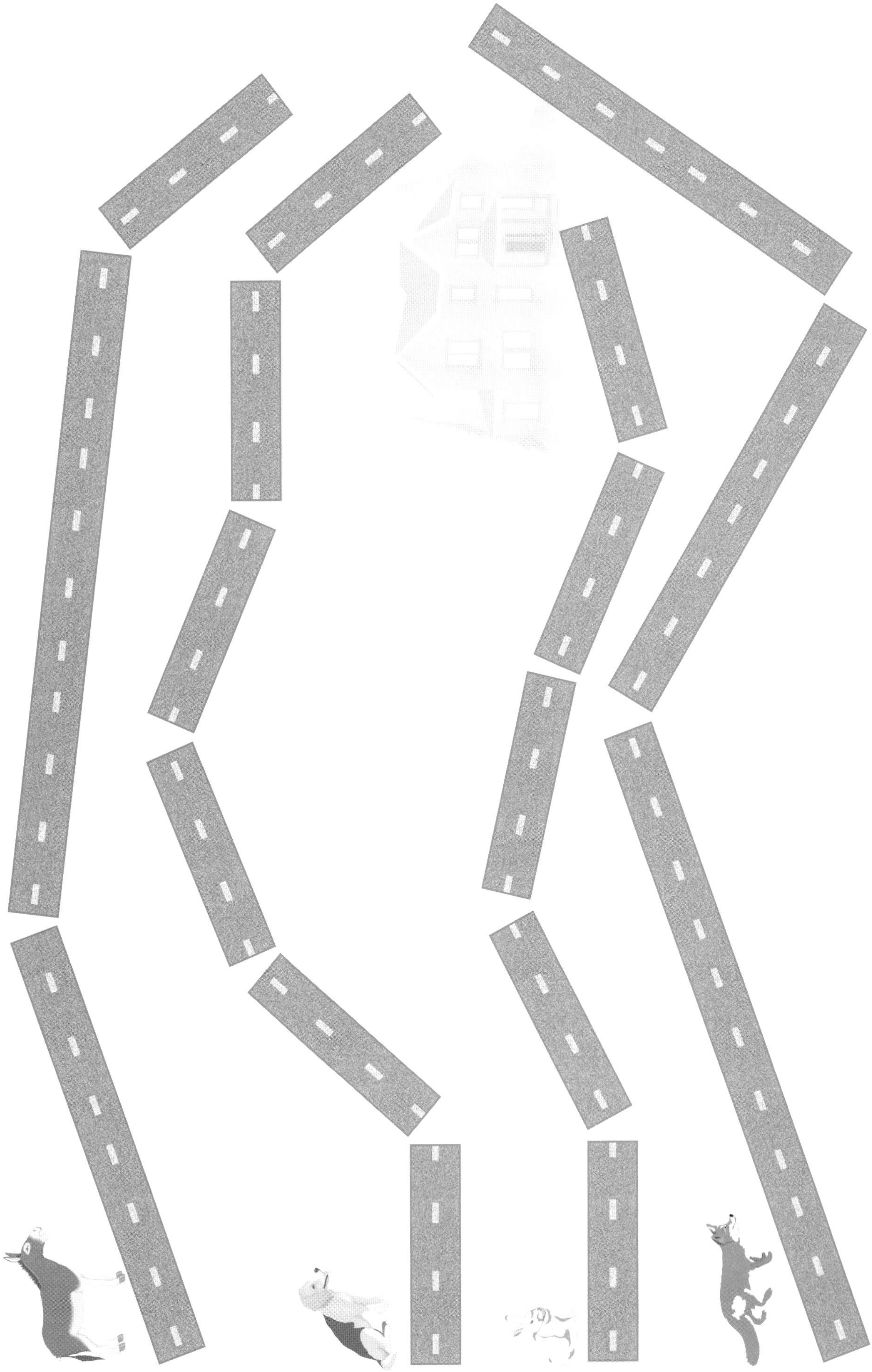

Le memory des chemins

Séquence 4 : comparer des objets selon leur longueur en utilisant un étalon.

Comparer des chemins du point de vue de leur longueur en utilisant une unité de référence.

Faire la distinction entre la silhouette d'un chemin et la longueur de ce chemin.

Nombre de joueurs : deux.

Un plan de jeu sur lequel apparaissent quatorze cases vierges.

Quatorze cartes qui sont de la même forme et de la même taille que les cases du plan de jeu et qui se répartissent en quatre groupes : sur les cartes d'un même groupe sont représentés des chemins dont les silhouettes sont différentes, mais dont les longueurs sont égales. Les quatorze cartes se répartissent de la manière suivante :

longueurs	nombre de cartes
3	4
4	4
5	4
6	2

Règle du jeu
Les cartes sont étalées sur le plan de jeu, à raison d'une carte par case, faces cachées.

Chaque joueur, à tour de rôle, retourne deux cartes :
- si les chemins représentés sur les cartes sont de la même longueur, le joueur les prend ;
- si les chemins représentés sur les cartes ne sont pas de la même longueur, le joueur les replace faces cachées.

Le jeu s'arrête quand toutes les cases du plan de jeu sont libérées. Le gagnant est celui qui a le plus de cartes.

La comparaison des chemins du point de vue de leur longueur passe par la recherche du nombre d'éléments unités composant le chemin et différentes stratégies peuvent être mises en œuvre :
- correspondance terme à terme entre les éléments des deux chemins ;
- dénombrement des éléments des deux chemins ;
- décomposition additive du nombre d'éléments de chaque chemin.

Le memory des chemins

Fiche de travail

Découpe les cartes.

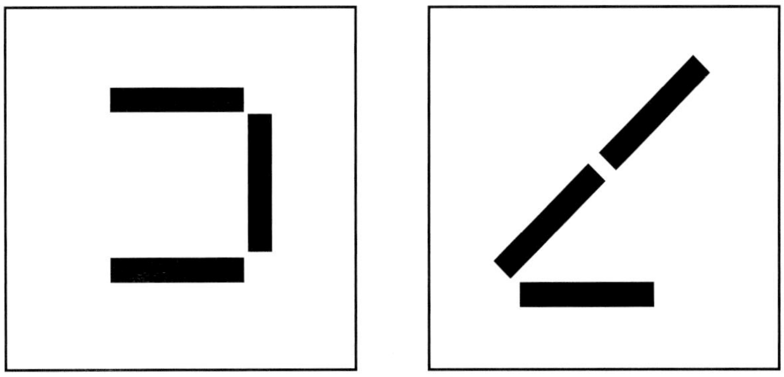

Activité 18

Les dominos des chemins

Séquence 4 : comparer des objets selon leur longueur en utilisant un étalon.	
	Comparer des chemins du point de vue de leur longueur en utilisant une unité de référence. Faire la distinction entre la silhouette d'un chemin et la longueur de ce chemin.
	Nombre de joueurs : deux ou trois.
	Dominos : Sur les deux parties d'un domino sont représentés des chemins réalisés en assemblant des éléments unités : deux au moins et six au plus. Ces dominos ont des silhouettes différentes. Lorsque les deux parties d'un domino comportent des chemins de même longueur, il s'agit d'un double.
	Règle du jeu Les dominos sont étalés sur la table, faces cachées, puis mélangés. Chaque joueur prend 4 dominos dans une partie à 2 joueurs ou 3 dominos dans une partie à 3 joueurs. Les dominos restants sont rassemblés, toujours faces cachées, et constituent la pioche. Le premier joueur choisit un de ses dominos qu'il pose sur la table. Puis chaque joueur à tour de rôle place dans l'alignement un nouveau domino, à l'une ou l'autre des extrémités du jeu, à condition que les deux parties de dominos qui se touchent comportent des chemins de même longueur. S'il s'agit d'un domino double, il est placé perpendiculairement à l'alignement commencé. Si un joueur ne dispose d'aucun domino qui puisse être posé selon ces règles, il pioche jusqu'à ce qu'il tire un domino qui lui permette de continuer à jouer. Il garde dans son jeu tous les dominos qu'il aura dû piocher. Lorsque la pioche est épuisée, le joueur qui ne peut placer un domino passe son tour. Le joueur qui réussit le premier à placer tous ses dominos a gagné la partie.
	Il est possible de désigner le joueur qui commence la partie par tirage au sort. Chaque joueur, à tour de rôle, jette un dé ou tire une carte dans un paquet de cartes dont on a enlevé les têtes. Le joueur qui obtient le plus de points est celui qui commence. S'il y a trois joueurs, il faut également définir un ordre de passage ; on tourne vers la droite ou bien vers la gauche.
	Il est également possible de jouer seul ; le but du jeu consiste alors à composer une chaîne avec tous les dominos, en respectant la règle de ressemblance des chemins du point de vue de leur longueur.

Les dominos des chemins

Fiche de travail

Découpe les dominos.

II - LES LONGUEURS
AU COURS PRÉPARATOIRE

Séquence 1 : Comparer des longueurs à l'aide d'objets intermédiaires

19 – Le jeu de cible (1)
20 – Compléter des séries

Séquence 2 : Comparer des longueurs à l'aide d'un objet intermédiaire plus long

21 – Le jeu de cible (2)
22 – Ranger des objets
23 – Construire des objets
24 – Trouve l'intrus !

Séquence 3 : Comparer des longueurs à l'aide d'un étalon

25 – Le jeu de cible (3)
26 – Ranger des objets représentés
27 – Construire des objets

Séquence 4 : Déterminer la mesure d'une longueur à l'aide d'une unité non conventionnelle

28 – Comparer des résultats de mesurage
29 – Mesurer un ruban
30 – Mesurer des chemins
31 – Dessiner en agrandissant un modèle

Séquence 5 : Déterminer la mesure d'une longueur à l'aide d'une unité conventionnelle

32 – De la bande graduée à la règle
33 – Mesurer avec la règle graduée
34 – Construire d'après un message
35 – Mesurer des chemins avec la règle graduée

Séquence 1 : Comparer des longueurs à l'aide d'objets intermédiaires.

Objectifs

- Faire comparer des longueurs ou des distances en utilisant des objets intermédiaires déplaçables.
- Actualiser les expressions *plus long que, aussi long que, moins long que.*

Progression

Activité 19 : appropriation du problème
Activité 20 : exercice

Séquence 2 : Comparer des longueurs à l'aide d'un objet intermédiaire plus long.

Objectifs

- Faire comparer des longueurs ou des distances en utilisant un objet intermédiaire plus long que tous les objets examinés.
- Faire utiliser les expressions *plus long que, aussi long que, moins long que.*

Progression

Activité 21 : appropriation du problème
Activités 22 à 24 : exercices

Séquence 3 : Comparer des longueurs à l'aide d'un étalon.

Objectifs

- Faire comparer des longueurs ou des distances en utilisant un objet intermédiaire relativement petit, à savoir un étalon, celui-ci étant disponible en plusieurs exemplaires ou en un seul exemplaire.
- Utiliser les connaissances relatives aux nombres pour comparer des longueurs.
- Actualiser les expressions *plus long que, aussi long que, moins long que.*

Progression

Activité 25 : appropriation du problème
Activités 26 et 27 : exercices

Séquence 4: Déterminer la mesure d'une longueur à l'aide d'une unité non conventionnelle.

Objectifs

• Déterminer la mesure de la longueur d'objets en utilisant une unité de référence non conventionnelle :
- cette unité est matérialisée par un étalon fourni en un seul exemplaire ;
- cette unité est matérialisée par la distance entre deux graduations d'un ruban à mesurer.

• Expliciter le résultat d'un mesurage :
- à l'aide de nombres entiers ;
- à l'aide d'un encadrement.

Utiliser le résultat de mesurages à l'aide d'une même unité de référence pour comparer des objets du point de vue de leur longueur, les classer et les ranger.

Progression

Activité 28 : appropriation du problème
Activité 29 : application
Activités 30 et 31 : exercices

Séquence 5: Déterminer la mesure d'une longueur à l'aide d'une unité conventionnelle.

Objectifs

• Utiliser la règle graduée (en centimètres) pour :
- mesurer les longueurs d'objets réels, d'objets représentés, de lignes brisées ou de segments ;
- construire des objets ou tracer des segments de longueur donnée.

• Exprimer le résultat du mesurage d'une longueur :
- la mesure de la longueur est égale à un nombre entier de centimètres ;
- la mesure de la longueur est comprise entre deux nombres entiers de centimètres.

• Introduire un instrument de mesure construit à partir d'une unité conventionnelle de mesure des longueurs (le centimètre) et utilisé par tout le monde, à l'école et en dehors de l'école.

Progression

Activité 32 : observation
Activité 33 : exercice
Activité 34 : application
Activité 35 : exercice

Le jeu de cible (1)

Séquence 1 : comparer des longueurs à l'aide d'objets intermédiaires.	
	Faire comparer des longueurs ou des distances en utilisant des objets intermédiaires déplaçables. Actualiser les expressions *plus long que, aussi long que, moins long que.*
	Les conclusions peuvent être explicitées de plusieurs manières : – le gagnant (ou le premier) est Hervé parce qu'il a découpé le ruban le moins long ; – le joueur Éric vient avant le joueur Gaëlle parce qu'il a découpé un ruban moins long ; – le deuxième est Serge parce qu'il a découpé un ruban plus long que celui du premier mais moins long que celui des autres.
	On joue par groupes de quatre ou de cinq.
	Une cible ponctuelle matérialisée par un palet ou dessinée sur le sol. Des petits sacs remplis de graines : les sacs sont réalisés dans du tissu car cette matière est plus résistante que le plastique ; ils sont de la même taille, mais de différentes couleurs, à raison d'une couleur par joueur dans un groupe donné ; ils sont remplis avec le même type de graines. Des rubans de différentes couleurs, les mêmes que celles des sacs. Des ciseaux.
	Présentation du jeu Demander aux enfants s'ils connaissent le jeu de la pétanque et faire expliciter les règles qui sont connues. Élaborer les règles du jeu de cible : – on joue par groupes de quatre ou de cinq ; – on lance d'abord le palet ou on dessine la cible sur le sol ; – chaque joueur doit lancer son sac en essayant de s'approcher le plus possible de la cible ; – le gagnant est celui dont le palet est le plus proche de la cible. **Exécution du jeu** Quand les enfants d'un groupe ont joué, la question se pose de connaître le gagnant. Il faut donc comparer les distances des différents sacs à la cible : ou bien les écarts entre les distances sont conséquents et cette comparaison peut se faire visuellement ; ou bien les écarts entre les distances sont faibles et il faut alors recourir à un intermédiaire.

On peut par exemple découper un ruban de la même couleur qu'un sac, dont la longueur est égale à la distance entre la cible et ce sac ; en comparant les longueurs des rubans (soit en superposant les rubans, soit en les juxtaposant), on peut déterminer le gagnant et établir le classement des joueurs.
Dans un premier temps, on se contentera de repérer le gagnant, à savoir celui qui a découpé le ruban le plus court.

Les enfants des différents groupes jouent jusqu'à se trouver dans la situation de ne pas pouvoir conclure visuellement. Pour cette dernière partie, chaque joueur découpe un ruban de la couleur de son sac dont la longueur est égale à la distance entre son sac et la cible.

Exploitation du jeu

Chaque groupe doit établir le classement des joueurs et le traduire par écrit, par exemple dans un tableau à double entrée, présentant pour chaque groupe la couleur du sac et le nom du gagnant.

Un rapporteur présente ensuite les résultats de son groupe et la manière de les obtenir. C'est l'occasion de préciser qu'on ne peut pas placer les rubans n'importe comment pour comparer leurs longueurs respectives.

Si on superpose les rubans, ils doivent avoir une extrémité en commun (on ne voit que celle du ruban du dessus) et les autres extrémités doivent être toutes visibles (schéma 1).

Si on place les rubans côte à côte, il faut choisir un repère rectiligne pour placer l'une des extrémités de chacun des rubans, par exemple le bord d'une table, puis placer les rubans de façon à ce que les autres extrémités fassent un « escalier » (schéma 2).

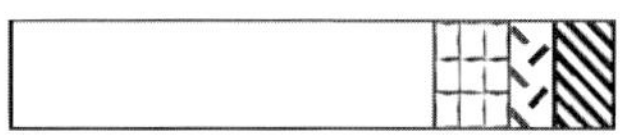

schéma 1

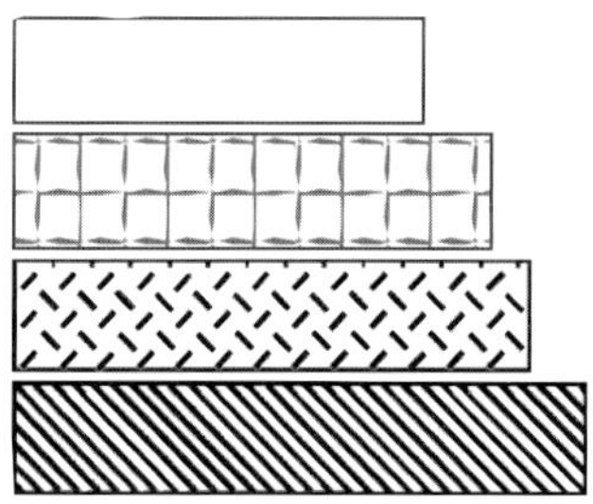

schéma 2

C'est aussi l'occasion de travailler sur les compétences langagières et de faire utiliser un vocabulaire précis pour expliciter les conclusions.

On conservera dans la classe la trace des conclusions d'un groupe au moins, en mettant en parallèle les rubans disposés selon l'un des schémas ci-dessus et le tableau de classement.

Compléter des séries

Séquence 1 : comparer des longueurs à l'aide d'objets intermédiaires.	
	Faire comparer des longueurs en utilisant des objets intermédiaires déplaçables. Actualiser les expressions *plus long que*, *aussi long que*, *moins long que*.
	Expliciter le résultat en utilisant un vocabulaire spécifique.
	Les élèves travaillent individuellement.
	Fiche de travail. Des rubans ou des bandelettes de papier. Des ciseaux.
	L'objectif est, en effectuant des comparaisons directes, de compléter des séries dans lesquelles des objets de même nature sont rangés en fonction de leur longueur. On demandera aux élèves d'expliciter certains éléments de la conclusion : – l'ordre, croissant ou décroissant, dans lequel les objets doivent être rangés ; – la possibilité de découper les objets représentés ou non ; – dans le cas où les objets représentés ne peuvent pas être découpés, la nécessité de construire des objets de même longueur (des rubans de tissu ou des bandelettes de papier) pour pouvoir effectuer la comparaison ; – les moyens d'explicitation du rangement : collage des objets côte à côte, numérotage des objets, utilisation d'un tableau à double entrée.
	On peut aussi choisir de travailler à partir d'objets réels comme des crayons ou des baguettes. On peut varier le nombre d'objets de quatre au moins à sept au plus.

Compléter des séries

Fiche de travail (variante A)

On a rangé douze rubans du moins long au plus long, mais un petit lutin est venu enlever des rubans. Il les a mis en bas de la feuille.

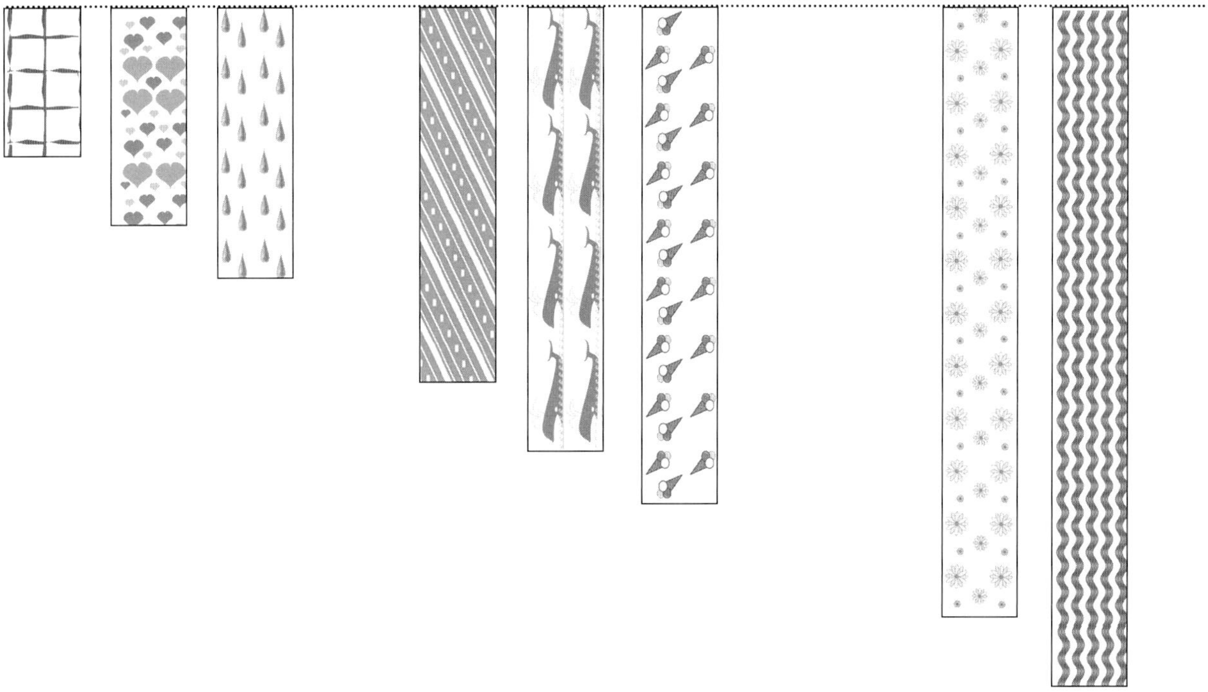

Consigne

1. **Découpe** les rubans, **retrouve** les rubans qui ont été déplacés et **colle-les** à leur place.

Découpe les rubans.

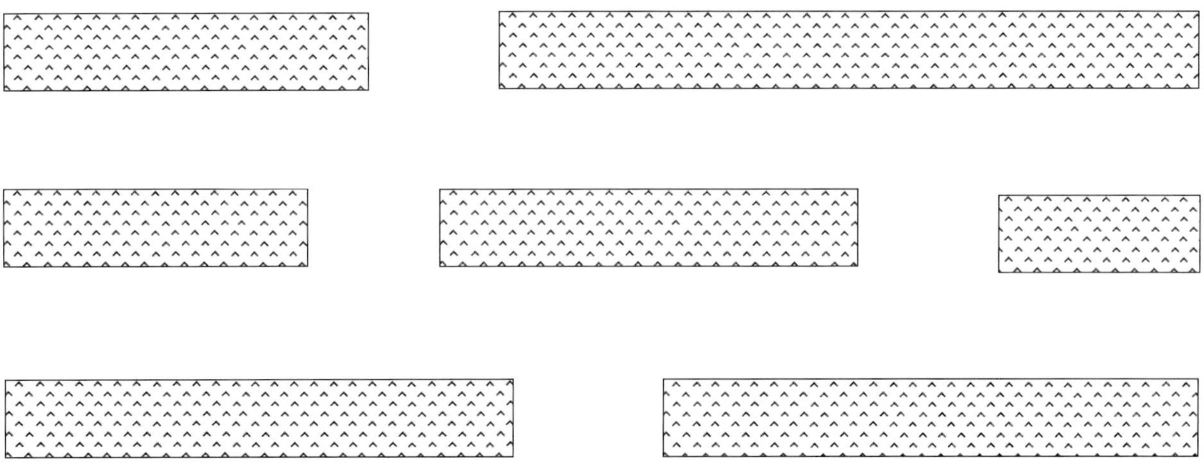

Compléter des séries

Fiche de travail (variante B)

On a rangé huit rubans **du plus long au moins long**, mais un petit lutin a remplacé des rubans par d'autres qui ne conviennent pas.

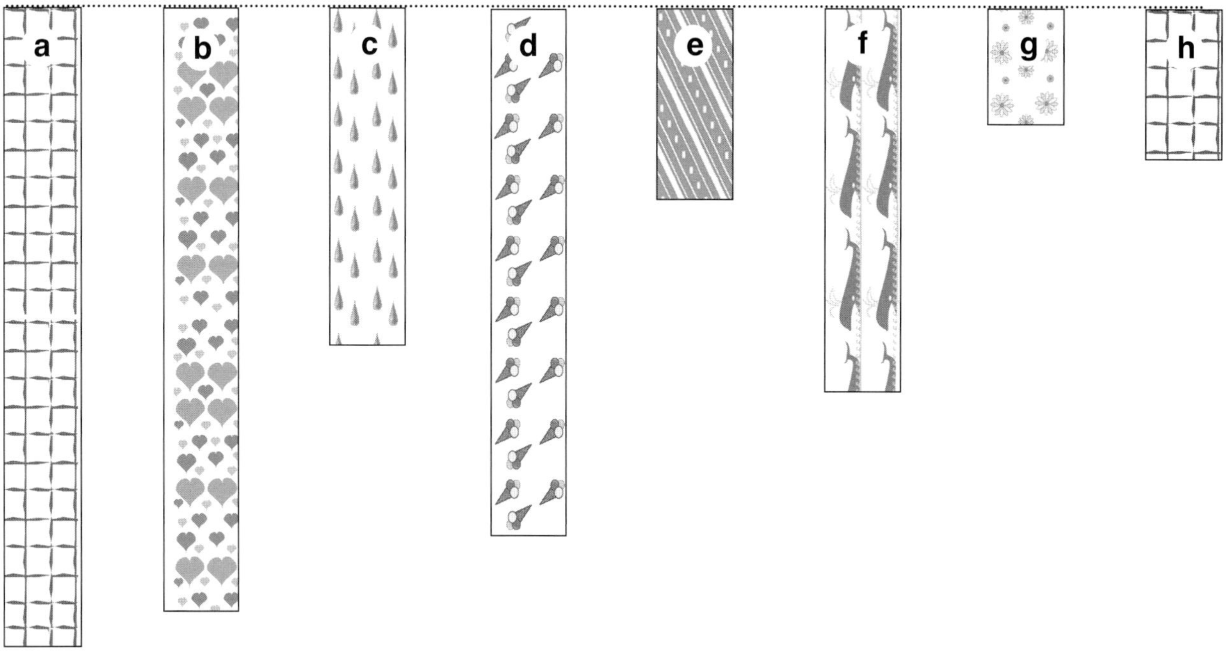

Consigne

1. **Barre** les noms des rubans qui ne conviennent pas :

a b c d e f g h

Consigne

2. **Découpe** les bandes ci-dessous et utilise-les pour remplacer les rubans qui ne conviennent pas.

Découpe les rubans.

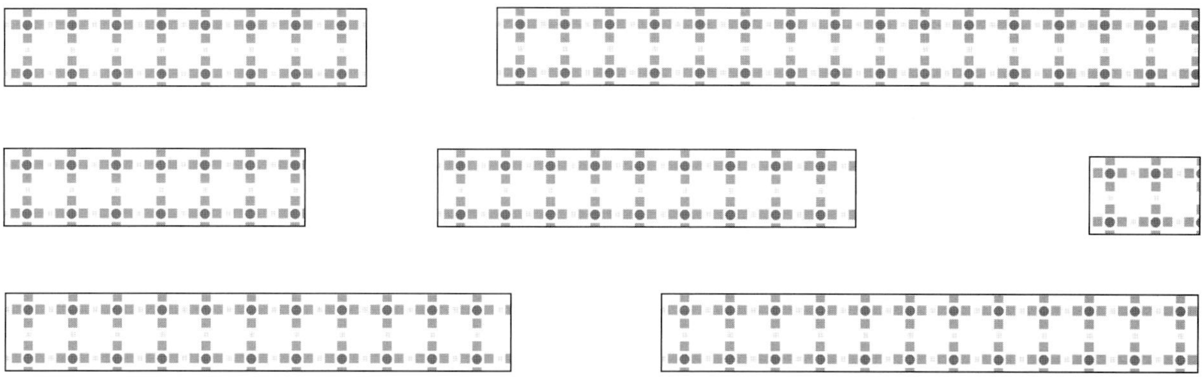

Compléter des séries

Fiche de travail (variante C)

Consigne

1. **Découpe** les bandes qui sont plus longues que le crayon à petites rayures et plus courtes que le crayon à larges rayures et **colle-les** de la plus courte à la plus longue entre les deux crayons.

Découpe les bandes.

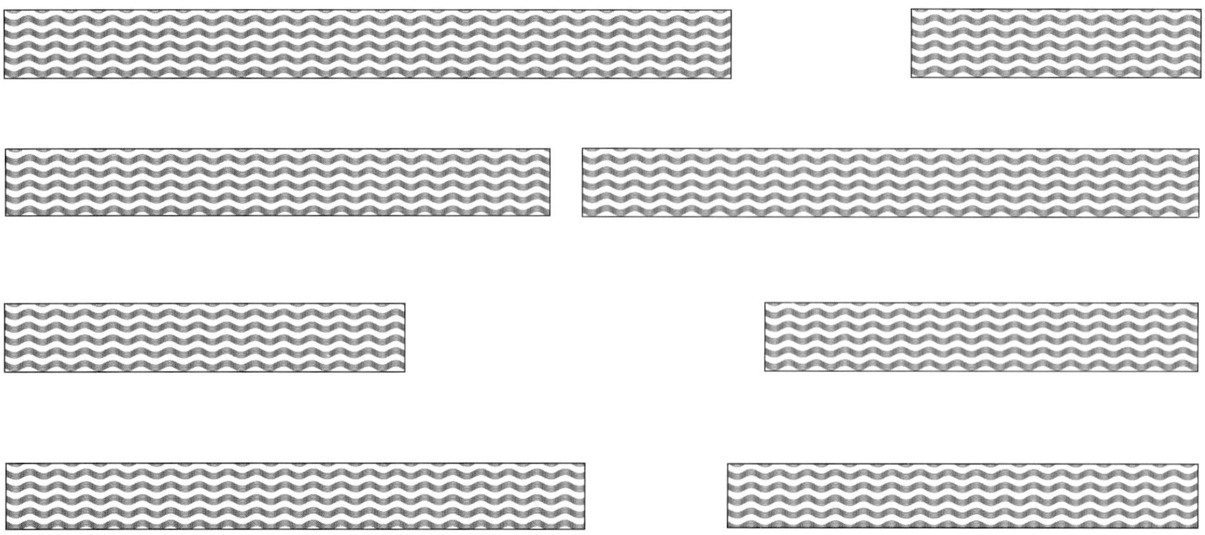

Le jeu de cible (2)

Séquence 2 : comparer des longueurs à l'aide d'un objet intermédiaire plus long.	
	Faire comparer des longueurs en utilisant un objet intermédiaire plus long que tous les objets examinés. Faire utiliser les expressions *plus long que*, *aussi long que*, *moins long que*.
	Expliciter le résultat et utiliser un vocabulaire spécifique, ce qui peut donner par exemple : – Hervé est le numéro 1 parce que la bande rouge est moins longue que toutes les autres ; – Hervé est le numéro 1 parce que la marque rouge est moins loin que toutes les autres.
	On joue par groupes de quatre ou de cinq.
	Des représentations de parties du jeu de cible : on a représenté l'état dans lequel se trouvent les différents sacs à la fin d'une partie (voir ci-contre). Des bandes de papier cartonné de couleur dont la longueur est supérieure à la plus grande des distances entre un sac et la cible sur les différentes représentations. 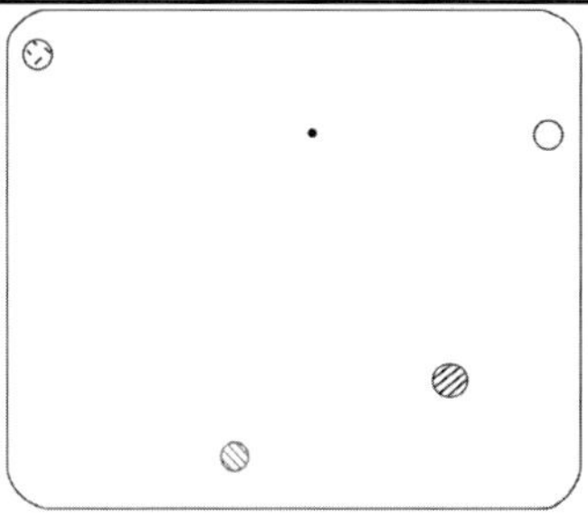
	Rappel du jeu et commentaires de la représentation Chaque groupe reçoit une représentation d'une partie du jeu de cible. On cherche ce que signifient les différents points marqués sur la représentation. On rappelle collectivement les règles du jeu et on pose la question de savoir qui a gagné la partie représentée. **Classement des joueurs** Deux cas peuvent se présenter : – ou bien les écarts entre les distances sont conséquents et cette comparaison peut alors se faire visuellement ; – ou bien les écarts entre les distances sont faibles et il faut alors recourir à un intermédiaire. C'est bien sûr le second cas qui est intéressant.

Pour déterminer qui a gagné, les enfants peuvent proposer une stratégie calquée sur celle mise en œuvre avec les rubans. On découpe une bande dont la couleur est celle d'un sac et dont la longueur est égale à la distance à vol d'oiseau entre la cible et le sac en question, puis on compare les bandes découpées selon leur longueur.

Les résultats sont alors reportés dans un tableau analogue à celui-ci :

	couleur du sac	nom du gagnant
n° 1	rouge	Hervé
n° 2	bleu	Édouard
n° 3	jaune	Gaël
n° 4	vert	Fred

On peut imposer une contrainte supplémentaire : on n'a plus droit qu'à une seule bande de carton dans chaque groupe.

La stratégie consiste alors à faire des marques de couleur sur la bande de carton, en prenant cependant certaines précautions :
- on trace un signe particulier sur l'une des extrémités de la bande, en haut et à gauche (par exemple une étoile, un carré) ;
- on place cette extrémité de la bande sur la cible, puis on fait pivoter la bande autour de la cible jusqu'à rencontrer l'un des sacs et l'on fait une marque de la couleur du sac sur la bande ;
- on recommence ainsi pour chacun des sacs.

Ce qui peut, par exemple, donner un résultat semblable à celui-ci :

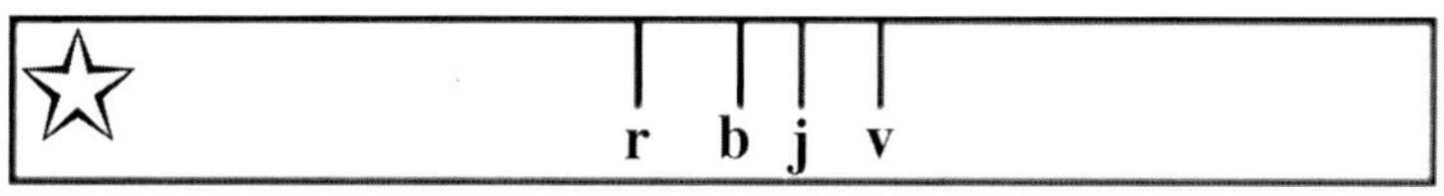

Quand toutes les marques sont faites, il suffit de lire la bande, en plaçant le signe en haut et à gauche : la marque la moins éloignée de ce signe est celle du gagnant.
Les résultats sont également reportés dans un tableau à double entrée et les raisons pour lesquelles les joueurs sont ainsi classés sont explicitées en faisant usage du vocabulaire spécifique, ce qui peut par exemple donner : Hervé est le numéro 1 parce que la marque rouge est moins loin que toutes les autres.

Ranger des objets

Séquence 2 : comparer des longueurs à l'aide d'un objet intermédiaire plus long.	
	Ranger des objets de même nature selon leur longueur. Les objets sont représentés, la comparaison est effectuée indirectement : il est donc interdit de découper les objets représentés.
	Expliciter le résultat en utilisant un vocabulaire spécifique *plus long que*, *moins long que*.
	Les élèves travaillent individuellement.
	Des représentations d'objets de même nature (*cf.* fiche de travail). Des ciseaux.
	Ranger des objets selon leur longueur. Expliciter certains éléments de la conclusion à l'écrit ou à l'oral.
	Le nombre d'objets peut varier : en proposer quatre au moins et sept au plus. On peut choisir de faire ranger les objets dans l'ordre croissant ou dans l'ordre décroissant. On peut varier les moyens d'expliciter le rangement : – en numérotant ou en coloriant les objets ; – en utilisant un tableau à double entrée ; – en complétant des phrases.

Ranger des objets

Fiche de travail (variante A)

Consigne

1. À l'aide de la bande préalablement découpée, **compare** les longueurs des bandes *a*, *b*, *c*, *d* et *e*.

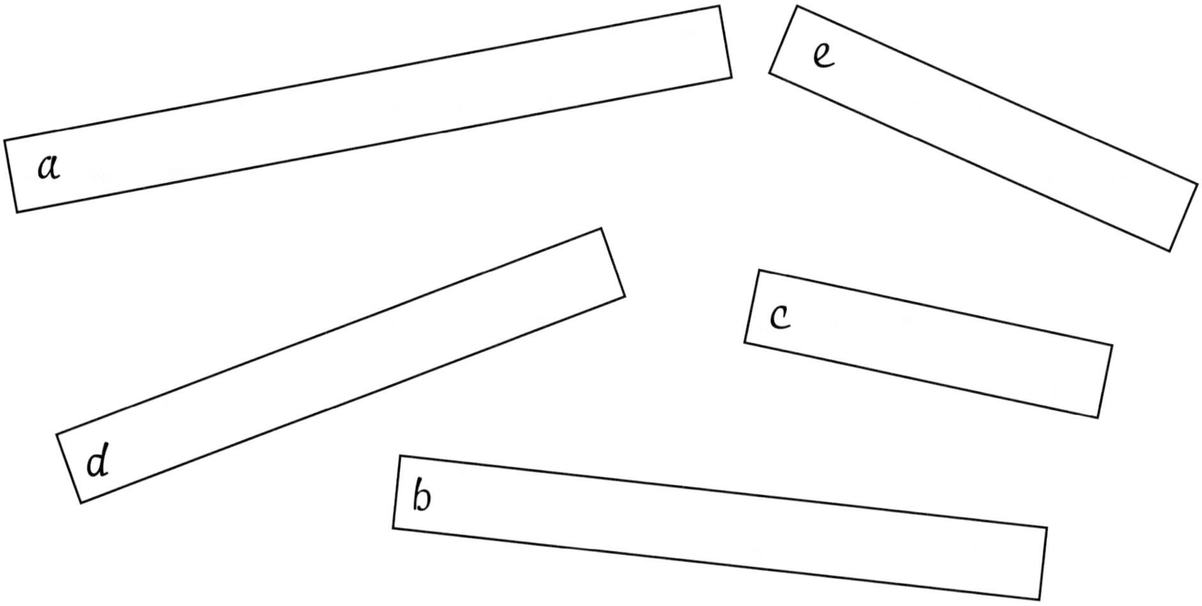

Consigne

2. **Écris** les noms des bandes de la moins longue à la plus longue :

	n° 1	n° 2	n° 3	n° 4	n° 5
nom de la bande					

Découpe la bande.

Ranger des objets

Fiche de travail (variante B)

Il y avait des marques sur les crayons, mais un petit lutin les a effacées sauf une. Avant de partir, il a inscrit dans un tableau les marques des crayons, depuis le moins long jusqu'au plus long.

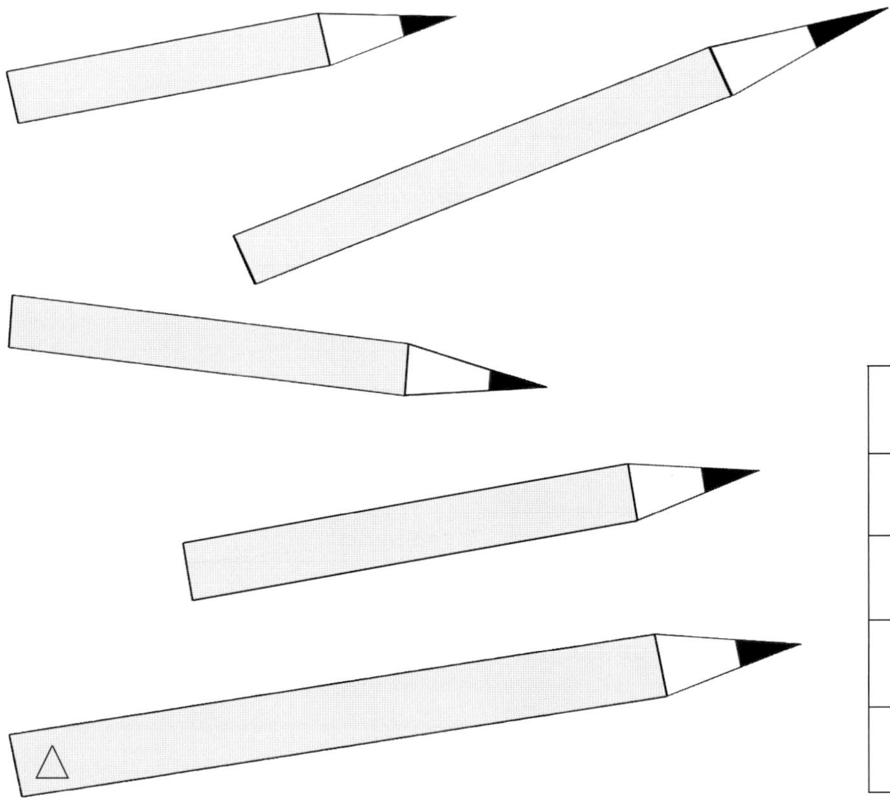

	marque
n° 1	X
n° 2	○
n° 3	☆
n° 4	□
n° 5	△

Consigne

1. Retrouve les marques des crayons.

Découpe la bande.

Activité 23

Construire des objets

Séquence 2 : comparer des longueurs à l'aide d'un objet intermédiaire plus long.	
	Construire des objets répondant à certaines contraintes comme : – X doit être *aussi long que* Y ; – X doit être *plus long que* Y mais *moins long que* Z.
	Utiliser les expressions *plus long que, moins long que, le plus long, le moins long.*
	Les élèves travaillent individuellement.
	Une règle sur laquelle ont été reportées les longueurs de différentes bandes. Des bandes de papier. Des ciseaux et de la colle.
	Observation Faire comparer les longueurs de cinq bandes à partir de la représentation d'une règle. **Construction** Faire découper des bandes répondant à certaines contraintes, par exemple : – une bande aussi longue qu'une bande donnée ; – une bande plus longue qu'une bande donnée et moins longue qu'une autre.
	On pourra adapter l'activité : – en faisant varier le nombre de bandes à comparer : quatre au moins, sept au plus ; – en modifiant les contraintes.

Construire des objets

Fiche de travail

Rémi a utilisé une règle pour comparer les longueurs de cinq bandes de couleurs différentes. Il y avait une bande bleue B, une jaune J, une orange O, une rouge R et une verte V. Il a fait des marques sur la règle et, en face de chaque marque, il a écrit le nom de la bande.

Voici ce qu'il a obtenu :

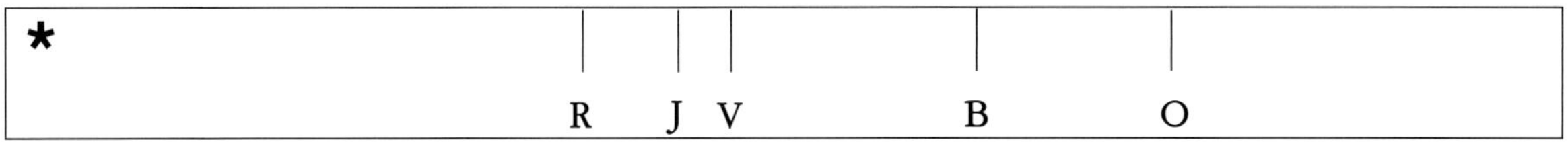

Consigne

1. Réponds aux questions.

- Quelle est la bande la plus longue? . . . .
- Quelle est la bande la moins longue? . . . .
- Quelles sont les bandes plus longues que la bande jaune J ? . . . .
- Quelles sont les bandes moins longues que la bande verte V? . . . .

Consigne

2. Découpe et colle :

- une bande L aussi longue que la bande bleue B :

- une bande P moins longue que la bande jaune J mais plus longue que la bande rouge R :

Découpe la bande.

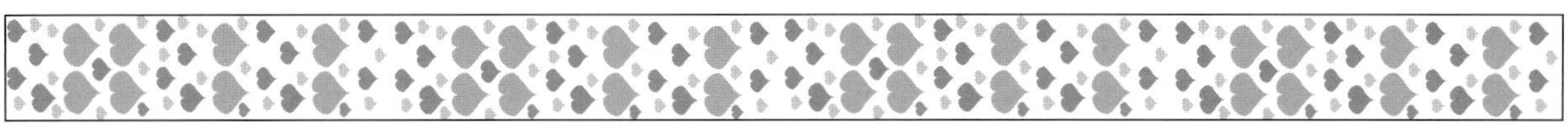

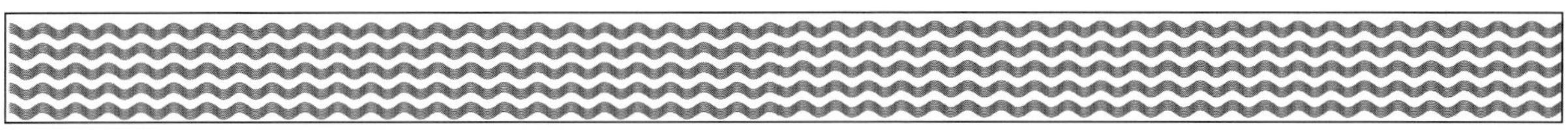

Activité 24

Trouve l'intrus !

Séquence 2 : comparer des longueurs à l'aide d'un objet intermédiaire plus long.	
	Rechercher l'erreur ou les erreurs dans le rangement d'une suite d'objets. Éventuellement, rectifier cette (ou ces) erreur(s).
	Expliciter certains éléments de la conclusion à l'écrit ou à l'oral en utilisant les expressions *plus long que*, *aussi long que*, *moins long que*.
	Les élèves travaillent individuellement.
	Une représentation de bandes de différentes couleurs et de différentes longueurs. Une représentation des mêmes bandes, rangées de la moins longue à la plus longue avec des intrus. Une règle non graduée en plusieurs exemplaires. Des ciseaux.
	On laissera les enfants choisir et orienter eux-mêmes la bande de référence et on veillera à ce que celle-ci soit toujours utilisée avec la même orientation.
	On pourra adapter l'activité en faisant varier la nature des erreurs : – des objets sont mal placés ; – des objets ont été oubliés ; – des objets ont été remplacés par d'autres.

Trouve l'intrus !

Fiche de travail

Béa a découpé des bandes de carton qu'elle a marquées, sur une face, avec la première lettre de leur couleur : Rouge, Jaune, Vert, Bleu et Orange.

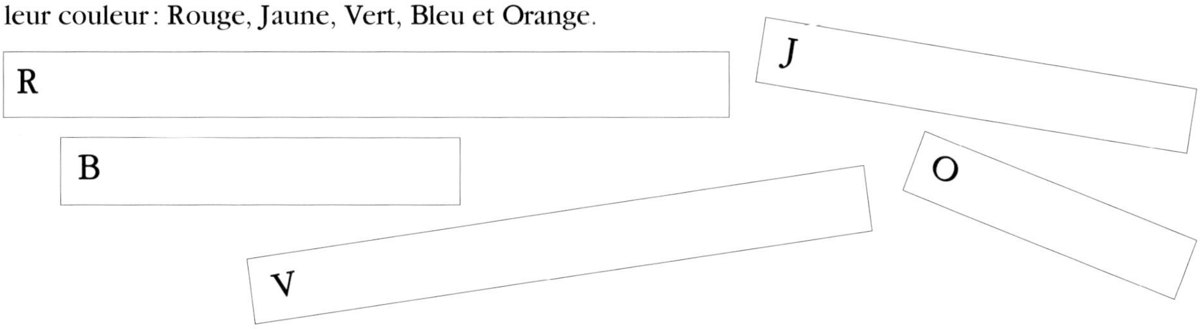

Béa a ensuite rangé les bandes dans l'ordre de la plus longue à la moins longue et elle a dessiné les bandes bien rangées. Mais elle en a dessiné deux de trop !

Consigne

1. **Retrouve** les bandes et écris dans chacune sa lettre. **Barre** ensuite les bandes qui sont en trop.

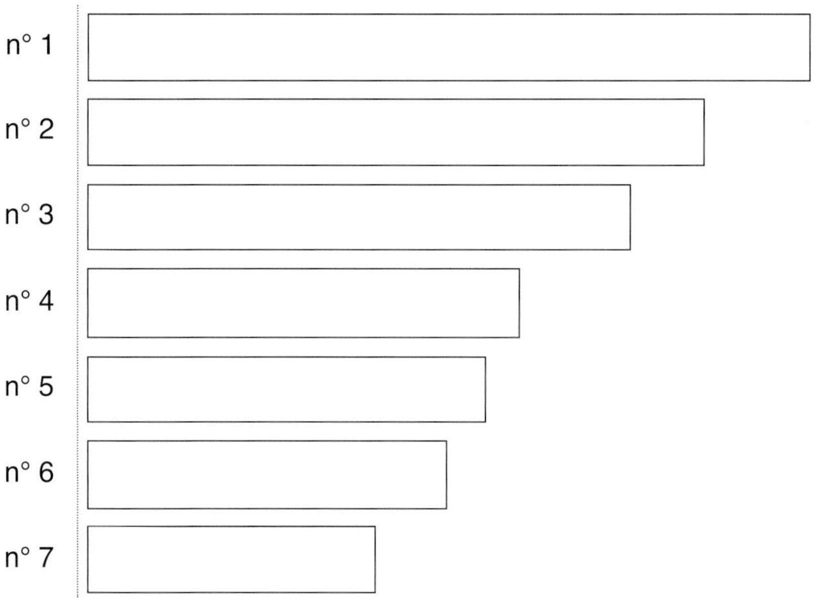

Consigne

2. Vrai ou faux ? **Coche.**

	VRAI	FAUX
1. La bande J est plus longue que toutes les bandes.		
2. La bande O est plus longue que la bande B.		
3. La bande J est moins longue que la bande B.		
4. La bande O est moins longue que toutes les bandes.		

Le jeu de cible (3)

Séquence 3 : comparer des longueurs à l'aide d'un étalon.

Faire comparer des longueurs ou des distances en utilisant un objet intermédiaire relativement petit, à savoir un étalon, celui-ci étant disponible en plusieurs exemplaires ou en un seul exemplaire.
Utiliser les connaissances relatives aux nombres pour comparer des longueurs.
Actualiser les expressions *plus long que*, *aussi long que*, *moins long que*.

Le tableau sera exploité pour expliciter les conclusions en utilisant le vocabulaire de comparaison des nombres.

On joue par groupes de quatre ou de cinq.

Des représentations de parties du jeu de cible : on a représenté l'état dans lequel se trouvent les différents sacs à la fin d'une partie (voir ci-dessous).
Des bandelettes de papier cartonné dont la longueur est un diviseur de la plus petite des distances entre un sac et la cible sur les différentes représentations.
Règles, si possible non graduées.

Rappel des règles du jeu de cible et commentaire de la représentation
Chaque groupe reçoit une représentation d'une partie du jeu de cible.
On cherche ce que signifient les différents points marqués sur la représentation.
On rappelle collectivement les règles du jeu et on pose la question de savoir qui a gagné la partie représentée.

Classement des joueurs
1. Construction de segments
La comparaison des distances à vol d'oiseau entre les sacs et la cible exige :
- la construction de segments de droite : l'une des extrémités d'un segment est la cible et l'autre l'un des sacs ;
- la mesure de la longueur de ces segments en utilisant l'étalon fixé.

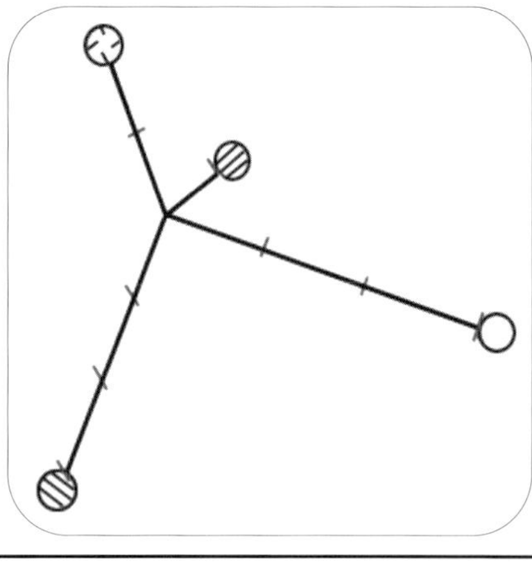

2. Utilisation de l'étalon, disponible en plusieurs exemplaires

Le nombre de bandelettes n'est pas limité : il suffit de disposer les bandelettes les unes à la suite des autres, sans recouvrement et sans espace entre deux d'entre elles, de manière à matérialiser le segment qui joint la cible à l'un des sacs (ce qui peut constituer une difficulté pour les élèves), puis de dénombrer ces bandelettes.

Exploitation des résultats

On notera les résultats dans un tableau à double entrée, qui sera affiché à côté de la représentation et qui peut se présenter de la manière suivante :

	couleur du sac	nom du gagnant	nombre de bandelettes
n° 1	rouge	Hervé	1
n° 2	bleu	Édouard	2
n° 3	jaune	Gaël	3
n° 4	vert	Fred	4

Avec un seul exemplaire de l'étalon

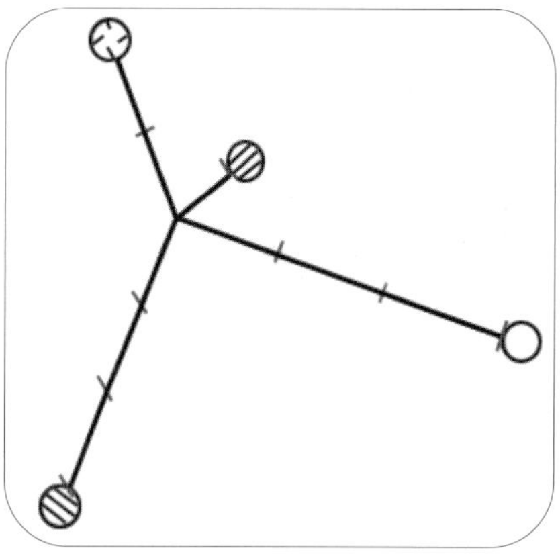

Le nombre de bandelettes est limité à une bandelette par groupe et il devient obligatoire de tracer les segments dont une extrémité est la cible et l'autre extrémité l'un des sacs :

- il faut ensuite reporter la bandelette le long de ce segment autant de fois qu'il le faut et compter le nombre de fois que la bandelette a été reportée ; pour faciliter le dénombrement, on peut faire des marques le long du segment ;
- on pose une extrémité de la bandelette sur la cible, l'un des côtés étant le long du segment, et on trace un petit trait à l'intersection du segment et de la seconde extrémité de la bandelette ;
- si le dernier petit trait tracé ne coïncide pas avec le sac, on recommence en plaçant une extrémité de la bandelette sur le dernier petit trait qui vient d'être tracé, l'un des côtés étant toujours le long du segment, sinon on arrête de faire des petits traits.

Exploitation des résultats

Les résultats sont également reportés dans un tableau à double entrée qui peut se présenter comme suit :

	couleur du sac	nom du gagnant	nombre de petits traits
n° 1	rouge	Hervé	1
n° 2	bleu	Édouard	2
n° 3	jaune	Gaël	3
n° 4	vert	Fred	4

Activité 26

Ranger des objets représentés

Séquence 3 : comparer des longueurs à l'aide d'un étalon.	
	Faire comparer des longueurs ou des distances en utilisant un objet intermédiaire relativement petit, à savoir un étalon, celui-ci étant disponible en plusieurs exemplaires ou en un seul exemplaire. Utiliser les connaissances relatives aux nombres pour comparer des longueurs. Actualiser les expressions *plus long que, aussi long que, moins long que.*
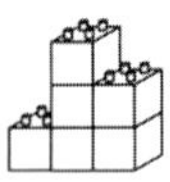	Expliciter certains éléments de la conclusion, soit par écrit, soit oralement.
	Les élèves travaillent individuellement.
	Des représentations d'objets de même nature : des bandes ou des chemins. Une réglette servant d'étalon. Des ciseaux.
	Le but consiste à ranger des objets de même nature selon leur longueur, les objets étant représentés. La comparaison est effectuée à l'aide d'un étalon : il est donc interdit de découper les objets représentés.
	Les objets peuvent être rangés dans l'ordre croissant ou l'ordre décroissant. L'étalon peut être disponible en plusieurs exemplaires ou en un seul exemplaire. On peut varier les moyens d'expliciter le rangement : – en numérotant ou en coloriant les objets ; – en utilisant un tableau à double entrée ; – en complétant des phrases. On peut varier le nombre d'objets : quatre au moins, sept au plus.

Ranger des objets représentés

Fiche de travail (variante A)

Camille a découpé des bandes de carton qu'elle a marquées avec l'une des lettres *a*, *b*, *c*, *d*, *e*.

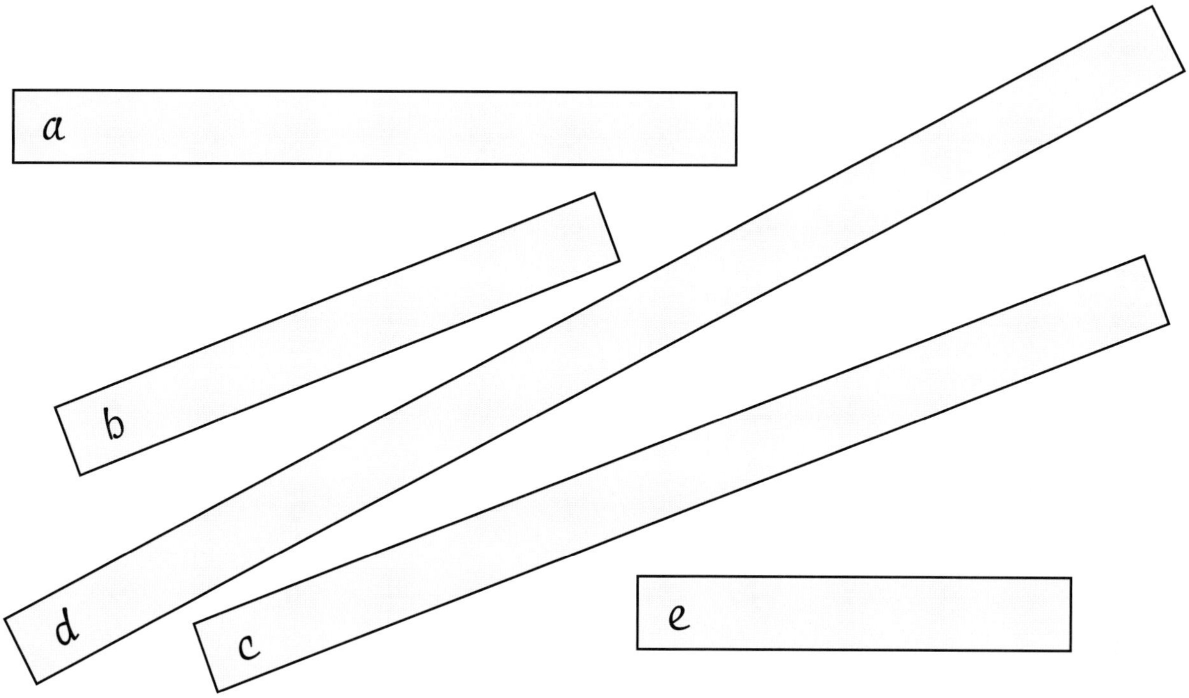

Consigne

1. Découpe la réglette *r* et utilise-la pour compléter le tableau :

Nom de la bande	*a*	*b*	*c*	*d*	*e*
Nombre de réglettes *r* qui peuvent recouvrir la bande					

Consigne

2. Écris le nom des bandes de la moins longue à la plus longue :

	n° 1	n° 2	n° 3	n° 4	n° 5
Nom de la bande					

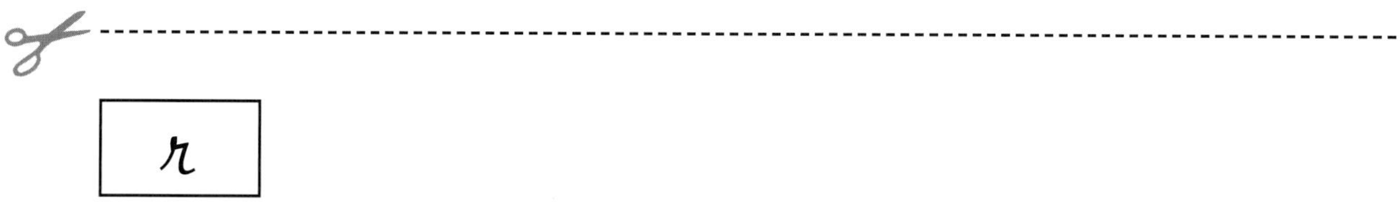

Ranger des objets représentés

Fiche de travail (variante B)

Consigne

1. Découpe la réglette *r* et utilise-la pour compléter le tableau :

Chemin	de l'escargot	du lapin	de la tortue
Nombre de réglettes *r* qui recouvrent le chemin			

Consigne

2. Vrai ou faux ? Coche.

	VRAI	FAUX
Le chemin du lapin est plus long que celui de la tortue.		
Le chemin du lapin est plus court que celui de l'escargot.		
Le chemin de l'escargot est plus long que celui de la tortue.		
Le chemin du lapin est le plus court.		
Le chemin de la tortue est le plus long.		

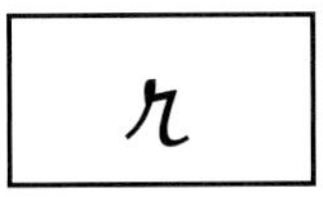

Construire des objets

	Séquence 3 : comparer des longueurs à l'aide d'un étalon.
	Faire comparer des longueurs ou des distances en utilisant un objet intermédiaire relativement petit, à savoir un étalon, celui-ci étant disponible en plusieurs exemplaires ou en un seul exemplaire. Utiliser les connaissances relatives aux nombres pour comparer des longueurs. Actualiser les expressions *plus long que, aussi long que, moins long que.*
	Le tableau sera exploité pour expliciter les conclusions en utilisant le vocabulaire de comparaison des nombres.
	Les élèves travaillent individuellement.
	Des représentations d'objets. Une réglette. Des bandes de papier. Des ciseaux et de la colle.
	Construire des objets répondant à certaines contraintes : – découper une bande aussi longue que n réglettes mises bout à bout ; – découper une bande de papier plus longue qu'une bande donnée et moins longue que p réglettes mises bout à bout.
	On pourra rendre l'activité plus difficile en ajoutant un intrus parmi les objets, ou au contraire en oubliant un objet.

Il y avait des marques sur les crayons, mais un petit lutin les a effacées. Heureusement, il avait mesuré les longueurs des crayons avec la réglette ℎ. Avant de disparaître, il a inscrit dans un tableau les marques des crayons et les longueurs des crayons.

marque	✕	☆	□	△	○	♥
longueur	**2**	**3**	**4**	**5**	**7**	**8**

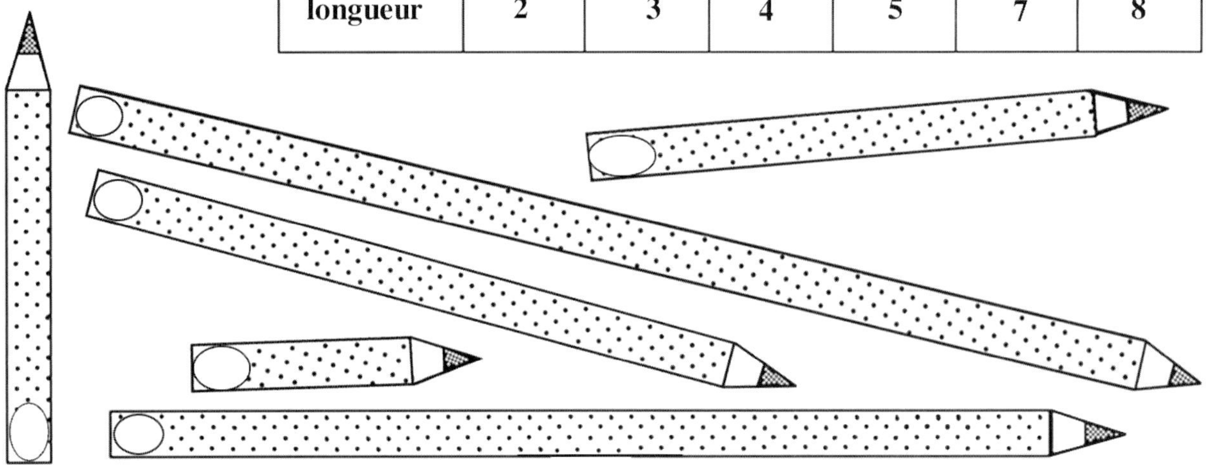

Consigne

1. Retrouve les marques de chaque crayon.

Consigne

2. Découpe dans la bande avec des cœurs une bande qui a la même longueur que le crayon marqué ♥ et colle-la ici.

Consigne

3. Découpe dans la bande quadrillée une bande dont la longueur est comprise entre celle du crayon marqué △ et celle du crayon marqué ○ et colle-la ici.

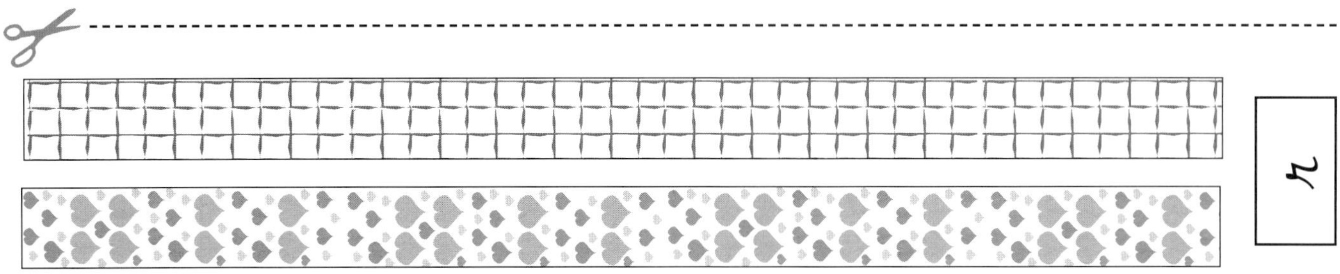

Comparer des résultats de mesurage

Séquence 4 : déterminer la mesure d'une longueur à l'aide d'une unité non conventionnelle.

Déterminer la mesure de la longueur d'objets en utilisant une unité de référence non conventionnelle, matérialisée par un étalon fourni en un seul exemplaire et par la distance entre deux graduations d'un ruban à mesurer.

Expliciter le résultat d'un mesurage à l'aide de nombres entiers et à l'aide d'un encadrement.

Utiliser le résultat de mesurages à l'aide d'une même unité de référence pour comparer des objets du point de vue de leur longueur, les classer et les ranger.

Un débat est provoqué par l'enseignant à partir de questions bien précises :
- la durée des manipulations ;
- la différence des résultats à propos d'un même ruban ;
- l'impossibilité éventuelle de déduire un rangement à partir des résultats obtenus, ce qui est le cas si on obtient :

	1er résultat	2e résultat
ruban n° 1	23	26
ruban n° 2	24	25
ruban n° 3	(21, 22)	24

Association de quatre élèves répartis en deux groupes.

Des rubans de couleurs différentes et de longueurs différentes.
Des réglettes de référence.
Des bandes graduées obtenues en assemblant des réglettes de référence associées à une unité non conventionnelle.
Des ciseaux, de la colle et du ruban adhésif.

Étape 1 : Vers une bande graduée pour mesurer.
Chaque groupe reçoit un ruban enroulé (ou tout autre matériau susceptible d'être enroulé) et un exemplaire d'une unité de référence u.
Les longueurs des rubans sont de l'ordre de 20 à 30 fois l'unité de référence ; ces longueurs sont différentes, les différences entre deux rubans n'excédant pas 4 unités de référence.

Chaque longueur sera déterminée deux fois : une fois par le groupe qui reçoit le ruban et une fois par le groupe qui lui est associé.

Étape 2 : Mesurage avec une unité de référence.
Il s'agit de déterminer la longueur du ruban, de manière à ranger les rubans dans l'ordre croissant de leurs longueurs.

On pourra proposer aux élèves la consigne suivante :
Déterminer la longueur du ruban reçu à l'aide de l'unité de référence u et noter le résultat obtenu.
Échanger le ruban avec le groupe associé.
Déterminer la longueur du ruban, toujours à l'aide de la même unité de référence, et noter le résultat obtenu.

Étape 3 : Mise en commun des résultats.
Tous les résultats sont rassemblés dans un tableau, visible par toute la classe, et mettant en regard les noms des rubans (ou leur numéro) et les longueurs obtenues par les deux groupes qui les ont mesurés.

	1er résultat	2e résultat
ruban n° 1		
ruban n° 2		
ruban n° 3		

Étape 4 : Questions soulevées.
À partir du débat provoqué par le maître, un certain nombre de questions peuvent se poser :
- Qu'est-ce qui explique les différences ?
- Comment s'y prendre pour ne pas se tromper ?
- Comment s'y prendre pour aller au plus vite ?

Le nombre important de reports nécessaires (entre 20 et 30) explique les différences : il y a des petits décalages entre les reports et ceux-ci se cumulent au fur et à mesure du mesurage.

Deux solutions peuvent être adoptées :
- choisir une unité plus grande que celle donnée, de façon à réduire le nombre de reports ;
- attacher plusieurs unités u entre elles, de manière à réduire au minimum les décalages entre deux reports.

C'est la seconde qui sera retenue pour le CP :
- on fera d'abord construire une bande graduée par les élèves, en utilisant du ruban adhésif et plusieurs exemplaires de l'unité u ;
- on fournira ensuite une bande graduée déjà construite, la distance entre deux graduations étant égale à la longueur de l'unité u.

Mesurer un ruban

Séquence 4 : déterminer la mesure d'une longueur à l'aide d'une unité non conventionnelle.

Déterminer la mesure de la longueur d'objets en utilisant une unité de référence non conventionnelle, matérialisée par la distance entre deux graduations d'un ruban à mesurer.

Expliciter le résultat d'un mesurage à l'aide de nombres entiers et à l'aide d'un encadrement.

Utiliser le résultat de mesurages à l'aide d'une même unité de référence pour comparer des objets du point de vue de leur longueur, les classer et les ranger.

Pour distinguer les cas où la mesure d'une longueur est égale à un nombre entier de ceux où la mesure d'une longueur est comprise entre deux nombres entiers, on pourra, avec les élèves, adopter les formulations suivantes :
- la mesure du ruban (du segment) est égale à un numéro de la règle graduée ;
- la mesure du ruban (du segment) est inférieure à un numéro de la règle graduée ;
- la mesure du ruban (du segment) est supérieure à un numéro de la règle graduée ;
- la mesure du ruban (du segment) est comprise entre deux numéros de la règle graduée.

Association de quatre élèves répartis en deux groupes.

Des rubans de couleurs différentes et de longueurs différentes.
Des réglettes de référence.
Des bandes graduées obtenues en assemblant des réglettes de référence associées à une unité non conventionnelle.
Des ciseaux, de la colle et du ruban adhésif.

Mesurage avec une bande graduée

Utiliser une bande graduée pour mesurer la longueur du ruban et noter le résultat.

Échanger le ruban avec un autre groupe.

Utiliser une bande graduée pour mesurer la longueur du nouveau ruban et noter le résultat.

Confrontation des résultats
Les résultats sont confrontés et les enfants expliquent la façon selon laquelle ils ont procédé.

On place le ruban à mesurer horizontalement.

On place une bande graduée contre le ruban à mesurer: l'extrémité gauche de la bande graduée doit être en face de l'extrémité gauche du ruban.

On cherche si l'extrémité droite du ruban se trouve en face d'une graduation de la bande graduée :
- si oui, on compte le nombre n de traits entre les deux extrémités du ruban à mesurer, sans oublier le dernier, et on dit que la longueur du ruban est égale à n unités,
- si non, on compte le nombre n de traits entre les deux extrémités du ruban et on dit que la mesure de la bande est comprise entre n unités et $(n + 1)$ unités.

Des difficultés peuvent se présenter dans le dénombrement des unités ; on peut alors proposer de numéroter les graduations à l'aide des nombres entiers.

La dernière étape du mesurage d'un ruban se trouve alors simplifiée :
On cherche si l'extrémité droite du ruban à mesurer se trouve en face d'une graduation de la bande graduée :
- si oui, on lit le numéro n qui est marqué sous la graduation qui se trouve en face de l'extrémité droite du ruban à mesurer, et on dit que la mesure de la longueur du ruban est égale à n unités,
- si non, on lit les numéros n et $(n + 1)$ qui sont marqués sous les graduations les plus proches de l'extrémité droite du ruban à mesurer, et on dit que la mesure de la longueur du ruban est comprise entre n et $(n + 1)$ unités.

Mesurer des chemins

Séquence 4 : déterminer la mesure d'une longueur à l'aide d'une unité non conventionnelle.	
	Déterminer la mesure de la longueur d'objets en utilisant une unité de référence non conventionnelle, matérialisée par la distance entre deux graduations d'un ruban à mesurer. Expliciter le résultat d'un mesurage à l'aide de nombres entiers. Utiliser le résultat de mesurages à l'aide d'une même unité de référence pour comparer des objets du point de vue de leur longueur.
	Savoir exprimer les résultats des comparaisons et des mesures effectuées.
	Les élèves travaillent individuellement.
	Des représentations de chemins. Une bande graduée obtenue en assemblant des réglettes de référence associées à une unité non conventionnelle. Des ciseaux.
	Mesurer la longueur de chemins représentés à partir d'une bande graduée. Exprimer les résultats des mesures par écrit à l'aide de nombres entiers. Comparer les résultats des mesures en employant un vocabulaire précis : *le plus long, le plus court, plus long que, plus court que.*
	Pour varier l'activité, on pourra faire chercher le nom du segment à partir de sa longueur (variante B).

Mesurer des chemins

Fiche de travail (variante A)

La sauterelle entre dans le labyrinthe par la porte S et suit un chemin en quatre tronçons pour aller jusqu'à la porte Y.

La fourmi entre dans le labyrinthe par la porte F et suit un chemin en quatre tronçons pour aller jusqu'à la porte Y.

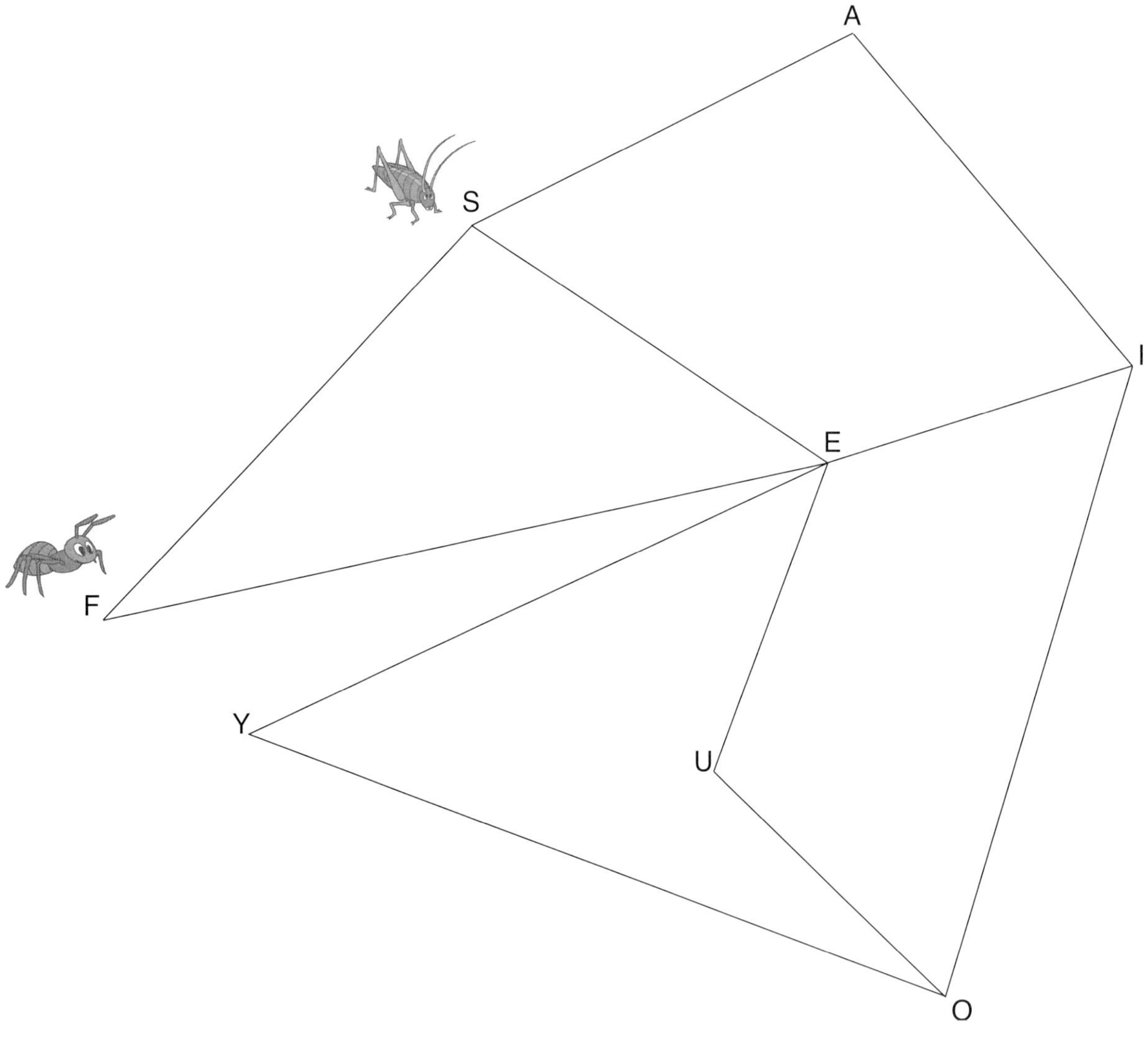

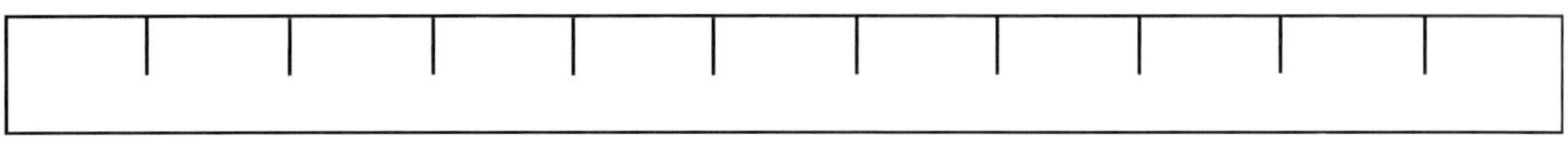

Consigne

1. **Repasse en vert** le chemin de la sauterelle :
   - le premier tronçon est le segment SA ;
   - le deuxième est le segment AI ;
   - le troisième est le segment IE ;
   - le quatrième est le segment EY.

Consigne

2. **Complète** le tableau :

	longueur du 1er tronçon SA	longueur du 2e tronçon AI	longueur du 3e tronçon IE	longueur du 4e tronçon EY	longueur totale
chemin de la sauterelle					

Consigne

3. **Repasse en rouge** le chemin de la fourmi :
   - le premier tronçon est le segment FE ;
   - le deuxième est le segment EU ;
   - le troisième est le segment .... ;
   - le quatrième est le segment OY.

Consigne

4. **Complète** le tableau :

	longueur du 1er tronçon FE	longueur du 2e tronçon EU	longueur du 3e tronçon	longueur du 4e tronçon OY	longueur totale
chemin de la sauterelle					

Mesurer des chemins

Fiche de travail (variante B)

La sauterelle et la coccinelle entrent dans un labyrinthe. Une fourmi les attend à la sortie Z. Elle utilise la bande graduée pour mesurer les longueurs. Elle te donne des renseignements pour retrouver leurs chemins :

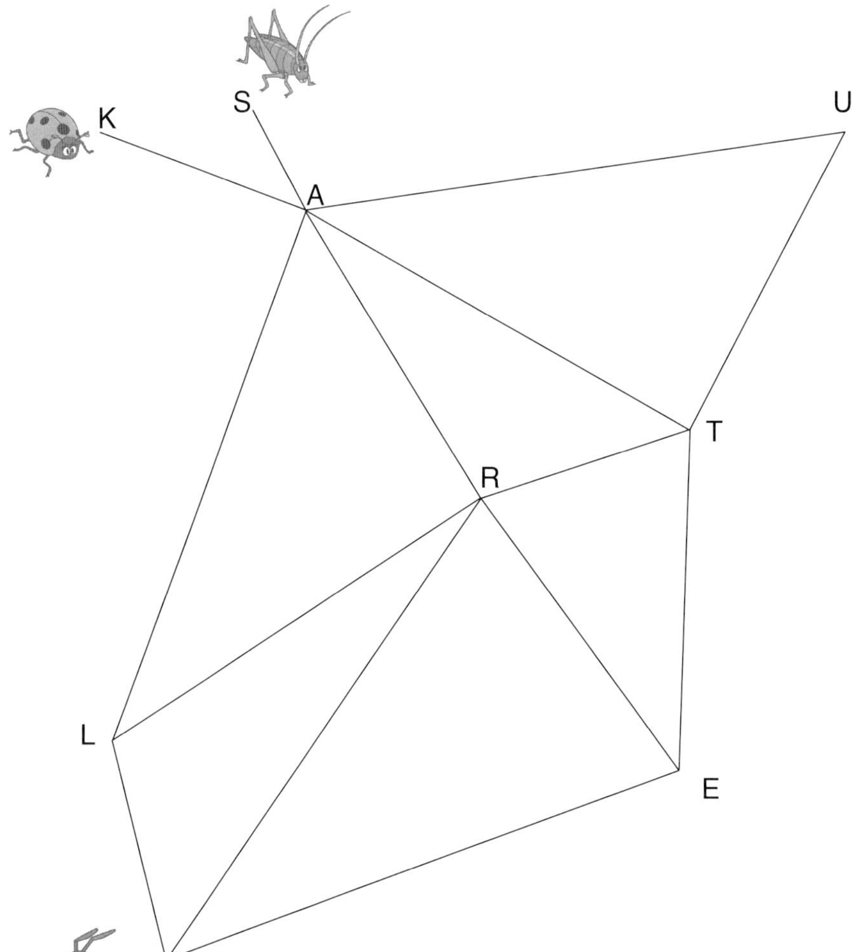

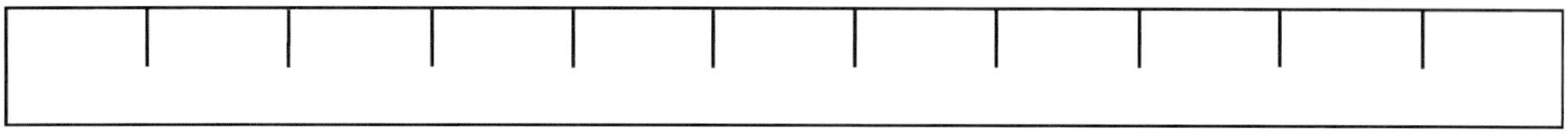

Consigne

1. La sauterelle suit un chemin en quatre tronçons. **Complète** les phrases suivantes :

- le premier tronçon est le segment SA : il mesure .... unités ;
- le deuxième tronçon mesure 4 unités : c'est le segment A .... ;
- le troisième tronçon mesure 2 unités : c'est le segment .... ;
- le quatrième tronçon est le segment .... Z : il mesure .... unités.

Consigne

2. **Repasse en vert** le chemin de la sauterelle.

Consigne

3. La coccinelle suit un chemin en quatre tronçons. **Complète** les phrases suivantes :

- le premier tronçon est le segment KA : il mesure .... unités ;
- le deuxième tronçon mesure 3 unités : c'est le segment A .... ;
- le troisième tronçon mesure 4 unités : c'est le segment .... ;
- le quatrième tronçon est le segment .... Z : il mesure 2 unités.

Consigne

4. **Repasse en rouge** le chemin de la coccinelle.

Consigne

5. **Complète** le tableau.

	longueur du 1er tronçon	longueur du 2e tronçon	longueur du 3e tronçon	longueur du 4e tronçon	longueur totale
chemin de la sauterelle					
chemin de la coccinelle					

Écris le nom de celle qui a parcouru le chemin le plus court : ....

Activité 31

Dessiner en agrandissant un modèle

Séquence 4 : déterminer la mesure d'une longueur à l'aide d'une unité non conventionnelle.	
	Utiliser une unité de référence non conventionnelle pour construire des objets dont la mesure de la longueur satisfait à certaines conditions.
	Utiliser les expressions *est égal à, est inférieur à, est supérieur à, est compris entre x et y.*
	Les élèves travaillent d'abord collectivement, puis individuellement.
	Des bandes de couleurs et de longueurs différentes. Une représentation d'un modèle à une échelle réduite. Une bande graduée obtenue en assemblant des réglettes de référence associées à une unité non conventionnelle. Des ciseaux et de la colle.
	Reproduire le modèle en respectant les longueurs des différentes bandes.
	Dans un premier temps, on pourra laisser les enfants décrire librement le modèle. On pourra ensuite attirer leur attention sur le fait que les bandes de même couleur ont toutes la même longueur.
	On pourra modifier le nombre de bandes à construire : deux au moins, cinq au plus. On pourra aussi jouer sur la formulation des conditions imposées : – la mesure de la longueur est égale à x unités ; – la mesure de la longueur est inférieure à x unités ; – la mesure de la longueur est supérieure à x unités ; – la mesure de la longueur est comprise entre x et y unités.

Dessiner en agrandissant un modèle

Fiche de travail

Consigne

1. Fred a commencé un dessin qui ressemble au modèle réduit. Découpe des bandes pour terminer son dessin.
Fred utilise la bande graduée pour mesurer les longueurs. Toutes les bandes de la même couleur ont la même longueur.

couleur de la bande	longueur de la bande
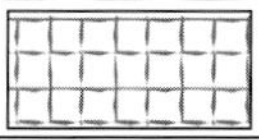	4
	5
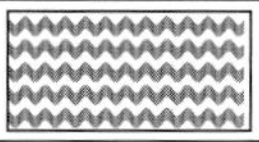	3

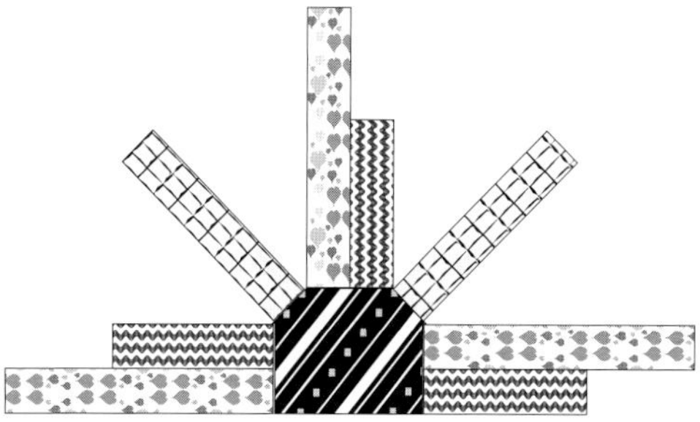

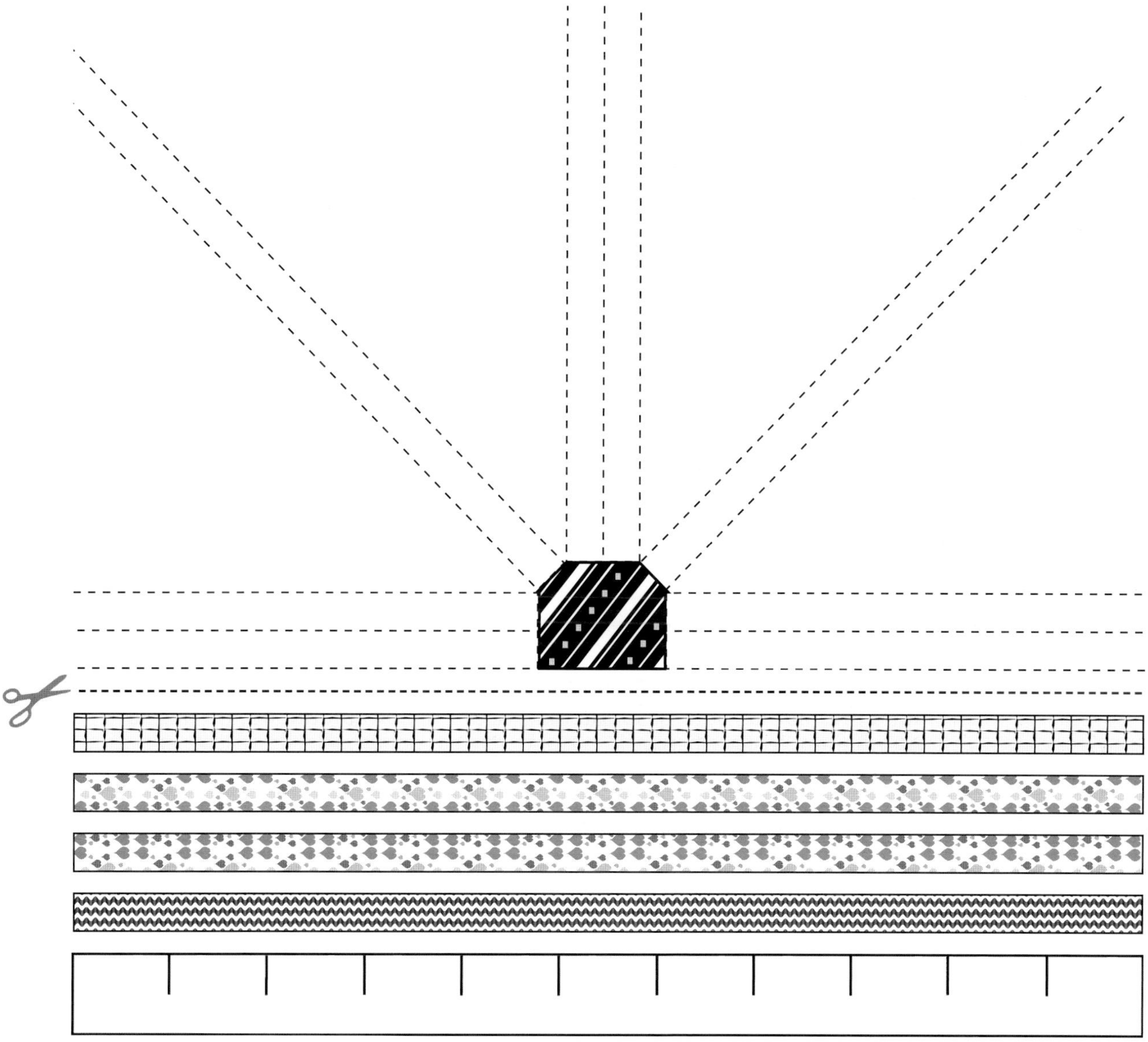

Activité 32

De la bande graduée à la règle

Séquence 5 : déterminer la mesure d'une longueur à l'aide d'une unité conventionnelle.	
	Introduire un instrument de mesure construit à partir d'une unité conventionnelle de mesure des longueurs (le centimètre) et utilisé par tout le monde, à l'école et en dehors de l'école.
	On introduira le mot centimètre en précisant que le centimètre est la distance entre deux grandes graduations qui se suivent ou bien la distance entre deux graduations qui sont marquées de deux nombres consécutifs. On pourra également dire que le centimètre est la longueur de l'intervalle entre deux grandes graduations qui se suivent sur la règle graduée.
	Les enfants travaillent individuellement ou par groupes de deux.
	Les bandes graduées construites au cours de la séquence précédente. Les règles graduées en centimètres utilisées par les enfants (double ou triple décimètre).
	Chaque élève ou chaque groupe dispose de la bande graduée construite au cours de la séquence précédente. **Consigne** Prendre les règles graduées, les observer et les comparer à la bande graduée construite au cours de la séquence précédente.
	On fera remarquer : – que la règle porte des graduations, parmi lesquelles certaines sont grandes et les autres petites ; – que des nombres sont inscrits en face de chaque grande graduation ; cela permet d'orienter la règle graduée en plaçant le zéro à gauche, de manière que les nombres soient lisibles. On constate alors : – que les nombres sont rangés dans l'ordre croissant de la gauche vers la droite ; – que la distance entre deux grandes graduations est inférieure à la distance entre deux graduations de la bande graduée construite au cours de la séquence précédente.

Mesurer avec la règle graduée

Séquence 5 : déterminer la mesure d'une longueur à l'aide d'une unité conventionnelle.	
	Utiliser la règle graduée en centimètres pour mesurer les longueurs d'objets réels ou de segments. Exprimer le résultat du mesurage d'une longueur : – la mesure de la longueur est égale à un nombre entier de centimètres ; – la mesure de la longueur est comprise entre deux nombres entiers de centimètres.
	L'explication des résultats des mesurages et leur traduction par écrit sera l'occasion de préciser l'abréviation du mot centimètre (cm) et, selon les cas, on notera que la mesure d'une longueur : – est égale à un nombre entier de centimètres (par exemple, $\ell = 3$ cm) ; – est comprise entre deux nombres entiers de centimètres (par exemple, 3 cm $< \ell <$ 4 cm).
	Les élèves sont répartis en groupes de deux.
	Chaque groupe reçoit, en plusieurs exemplaires, le même lot de trois ou quatre bandes de papier. Ces bandes diffèrent par : – leur couleur ; – la mesure de leur longueur, celle-ci étant un nombre entier de centimètres ou comprise entre deux nombres entiers de centimètres, ce qui est le cas des bandes dont les longueurs sont égales à un nombre entier d'unités mises bout à bout dans la bande graduée qui ont été utilisées au cours de la séquence précédente.
	Les groupes doivent mesurer les bandes de papier et exprimer la mesure de leur longueur en centimètres. **Consigne** Utiliser la règle graduée pour mesurer les bandes de papier et donner la mesure de leur longueur en centimètres.

Travail individuel sur des segments
Chaque élève reçoit une feuille sur laquelle sont tracés des segments de longueurs différentes. Un même assemblage de segments est distribué en plusieurs exemplaires ; il peut y avoir des assemblages différents dans la classe.

La mesure de la longueur peut être exprimée :
- par un nombre entier : la mesure de la longueur est égale à n centimètres ;
- par un encadrement : la mesure de la longueur est comprise entre n et $(n + 1)$ centimètres.

Consigne
Utiliser la règle graduée pour mesurer les segments et donner la mesure de leur longueur en centimètres.

Les échanges entre les partenaires d'un même groupe ou entre les groupes peuvent faire apparaître des distorsions entre les résultats, lesquels peuvent résulter :
- d'une banale erreur de lecture ;
- d'un mauvais positionnement de la règle.

On fera donc expliciter et exemplifier le mode d'emploi d'une règle graduée.

On place l'objet à mesurer horizontalement.
On place la règle contre l'objet à mesurer : la graduation 0 de la règle doit être en face de l'extrémité gauche de l'objet.
On cherche si l'extrémité droite de l'objet se trouve en face d'une graduation numérotée de la bande :
- si oui, on note le numéro de la graduation et on dit que l'objet mesure exactement n centimètres,
- si non, on note les deux numéros n et $(n + 1)$ des graduations qui sont les plus proches de l'extrémité droite de la bande et on dit que l'objet mesure entre n centimètres et $(n + 1)$ centimètres.

Mesurer avec la règle graduée

Fiche de travail

Allan, Betty et Charles ont mesuré la longueur du segment KB avec leur règle graduée et voici leurs réponses :

Allan	Betty	Charles
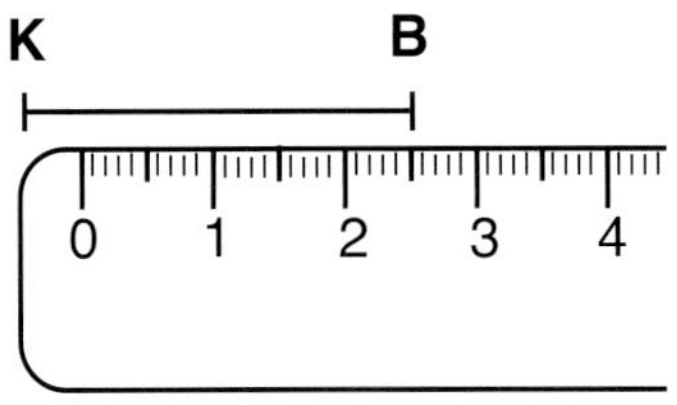	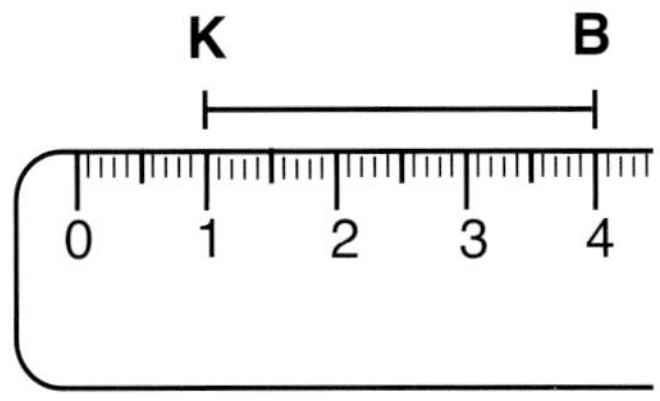	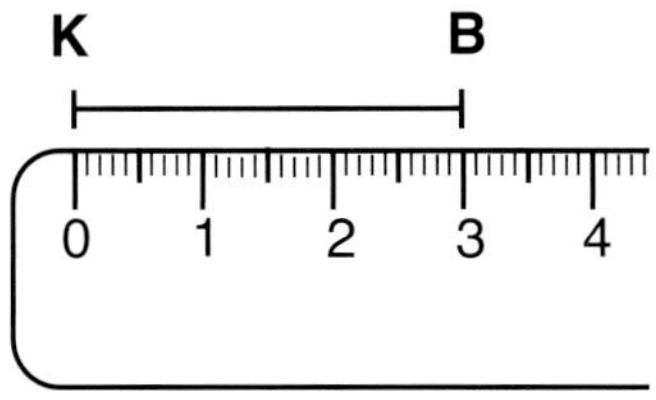
La mesure de la longueur du segment **KB** est comprise entre 2 cm et 3 cm.	La mesure de la longueur du segment **KB** est égale à 4 cm.	La mesure de la longueur du segment **KB** est égale à 3 cm.

Consigne

1. Un seul a trouvé la bonne mesure : lequel? ....

Barre les dessins de ceux qui se sont trompés.

Consigne

2. **Mesure** la longueur de chaque segment avec ta règle graduée et écris cette mesure dans le tableau.

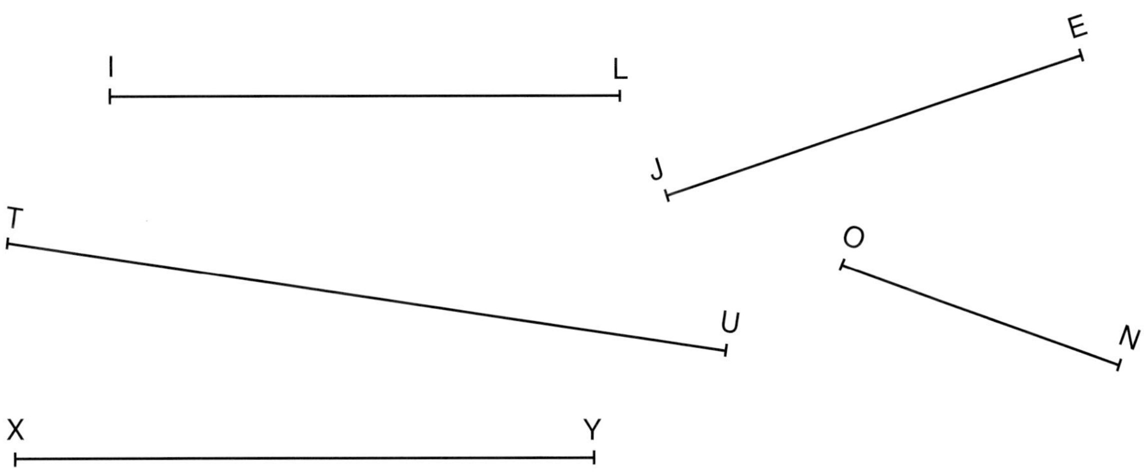

nom du segment	JE	TU	IL	ON	XY
mesure de la longueur en centimètres					

Damien a tracé une ligne droite et a marqué un point B. Il voulait tracer deux segments BA et AR sur la ligne droite, mais il n'a pas terminé. Tu as besoin de ta règle graduée pour mesurer.

B

Consigne

3. Trace d'abord un segment BA :
   - sa mesure est égale à un numéro de la règle graduée ;
   - il est plus court que le segment JE et plus long que le segment ON.

   Trace ensuite un segment AR :
   - sa mesure est égale à un numéro de la règle graduée ;
   - il est plus court que le segment TU et plus long que le segment XY.

   Quelle est la longueur du segment BR ? ....

Construire d'après un message

Séquence 5 : déterminer la mesure d'une longueur à l'aide d'une unité conventionnelle.	
	Utiliser la règle graduée en centimètres pour construire des objets ou tracer des segments de longueur donnée.
	Vérification de la pertinence du message.
	Les élèves sont répartis en groupes de deux.
	Deux bandes de papier assez longues et de couleurs différentes. Un message du type : « Découpe une bande qui a une longueur de n centimètres. » Ce message est le même pour les partenaires d'un même groupe, voire pour plusieurs groupes de la classe, mais les enfants ne le savent pas. Des ciseaux. Une règle graduée.
	Chaque enfant doit découper une bande de la longueur donnée par le message. **Consigne 1** Lire le message reçu et exécuter la consigne donnée. **Consigne 2** Comparer les bandes découpées du point de vue de leur longueur. Comparer les messages qui ont permis de construire ces bandes.
	Pour varier l'activité, les enfants pourront tracer des segments de longueur donnée. Chaque enfant dispose d'une règle graduée, d'un crayon bien taillé. Dans chaque groupe, un des enfants dispose d'une feuille de papier non transparent et le second d'une feuille de papier-calque ; les feuilles portent des lignes tracées en pointillés.
	Validation Elle s'effectue en superposant les bandes découpées ou le segment tracé sur le papier-calque et le segment tracé sur le papier non transparent. **Causes de désaccord** Des désaccords peuvent apparaître entre les membres d'un même groupe et il est souhaitable d'en rechercher les raisons. Aux raisons répertoriées dans l'activité précédente, il faut ajouter un mauvais positionnement du papier-calque sur le papier non transparent.

Activité 35

Mesurer des chemins avec la règle graduée

Séquence 5 : déterminer la mesure d'une longueur à l'aide d'une unité conventionnelle.	
	Utiliser la règle graduée en centimètres pour mesurer les longueurs de lignes brisées ou de segments. Exprimer le résultat du mesurage d'une longueur : – la mesure de la longueur est égale à un nombre entier de centimètres ; – la mesure de la longueur est comprise entre deux nombres entiers de centimètres.
	Les élèves travaillent individuellement.
	Des trajets représentés sous la forme de segments de droite ou de lignes brisées. Une règle graduée.
	Le but consiste à utiliser la règle graduée en centimètres pour : – déterminer la mesure de la longueur d'objets de même nature, les objets étant représentés ; – comparer des objets du point de vue de leur longueur en connaissant la mesure de chacun d'eux ; – déterminer la mesure de la longueur d'objets obtenus en mettant certains objets bout à bout.
	On pourra faire varier le nombre de trajets représentés : deux au moins, cinq au plus. On pourra aussi varier les conditions imposées : la mesure de la longueur est égale à X, ou bien est inférieure à Y, ou bien est supérieure à Z, ou bien est comprise entre Z et Y.

Mesurer des chemins avec la règle graduée

Fiche de travail (variante A)

Les Lapinots Chinchilline, Carotin et Minibon rendent visite à leur amie Garenna. Ils passent par des chemins différents.

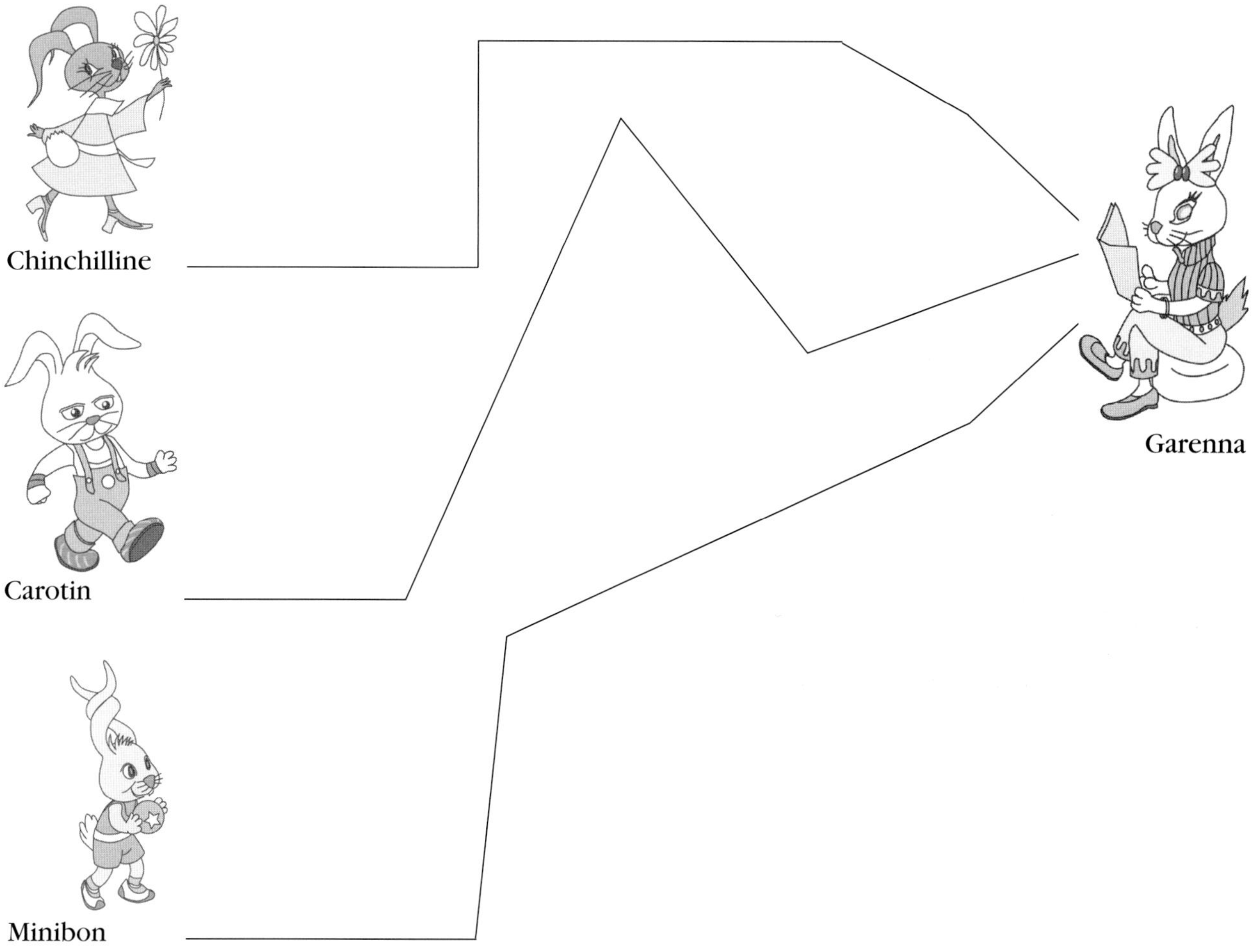

Consigne

1. Utilise ta règle graduée en centimètres pour mesurer les longueurs des chemins et **complète** le tableau.

Le chemin de Chinchilline mesure	Le chemin de Carotin mesure	Le chemin de Minibon mesure

Consigne

2. Réponds :

Qui a parcouru le chemin le plus long? ....

Quel est le chemin le plus court? ....

Mesurer des chemins avec la règle graduée

Fiche de travail (variante B)

C'est l'anniversaire de Carotin. Grignotou et Angorette lui rendent visite et lui apportent un gâteau.

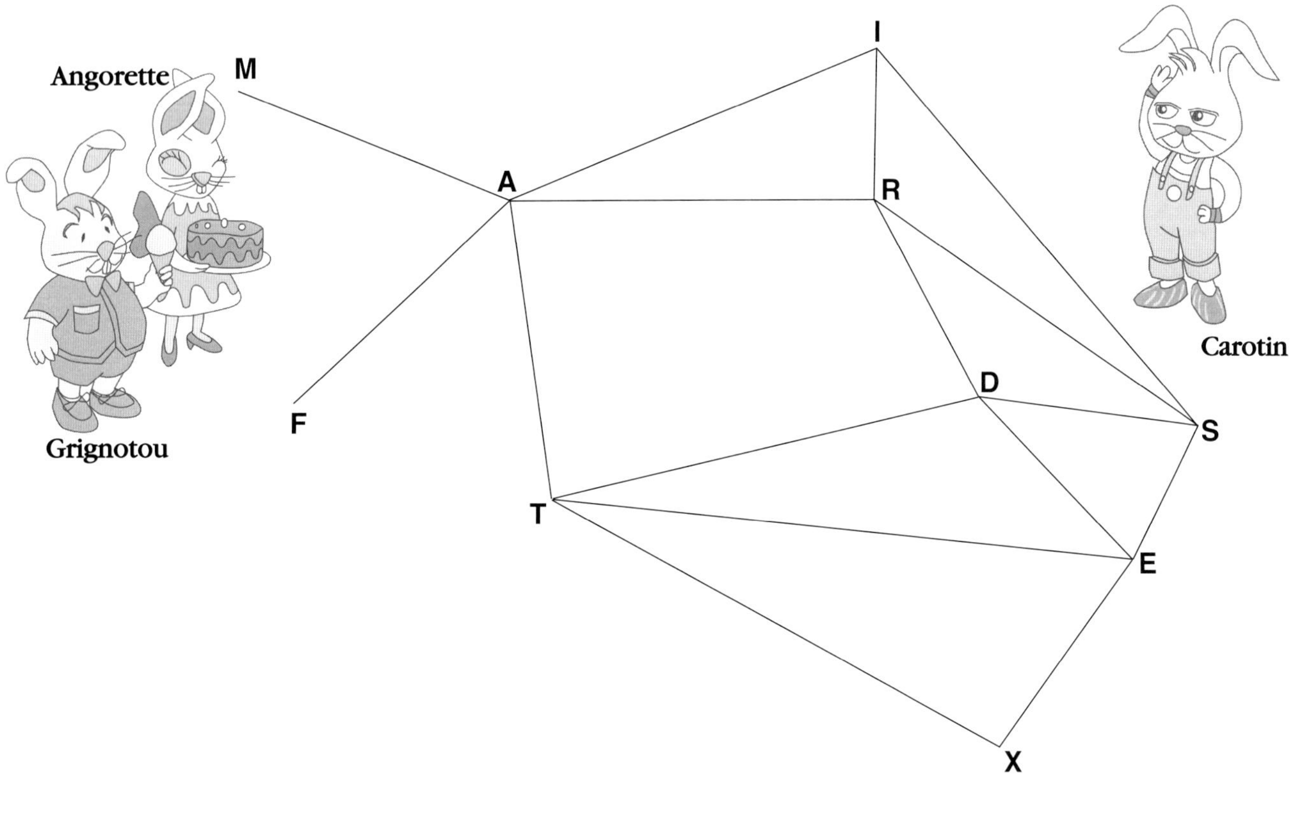

Consigne

1. Grignotou suit un chemin en quatre tronçons. Utilise ta règle graduée en centimètres pour mesurer les longueurs des chemins et **complète** le texte suivant :

- le premier tronçon est le segment FA : il mesure .... cm ;
- le deuxième tronçon mesure 5 cm : c'est le segment A .... ;
- le troisième tronçon mesure 3 cm : c'est le segment .... ;
- le quatrième tronçon est le segment .... S : il mesure .... cm.

Consigne

2. **Repasse en rouge** le chemin de Grignotou.

Consigne

3. Angorette suit un chemin en quatre tronçons. Utilise ta règle graduée en centimètres pour mesurer les longueurs des chemins et **complète** le texte suivant :

- le premier tronçon est le segment MA : il mesure .... cm ;
- le deuxième tronçon mesure 4 cm : c'est le segment A .... ;
- le troisième tronçon mesure 8 cm : c'est le segment .... ;
- le quatrième tronçon est le segment .... S : il mesure .... cm.

Consigne

4. **Repasse en bleu** le chemin d'Angorette.

Consigne

5. **Complète le tableau.**

	longueur du 1er tronçon	longueur du 2e tronçon	longueur du 3e tronçon	longueur du 4e tronçon	longueur totale (en cm)
chemin de Grignotou					
chemin d'Angorette					

Qui a parcouru le chemin le plus long ? ....

III - LES LONGUEURS AU COURS ÉLÉMENTAIRE 1

Séquence 1 : Comparer des longueurs en utilisant des moyens directs

36 – Classer puis ranger des objets
37 – Prévoir un rangement
38 – Compléter des séries

Séquence 2 : Comparer des longueurs en utilisant des moyens indirects

39 – Mettre au point une technique de comparaison
40 – Construire des objets à partir d'un étalon
41 – Mesurer en utilisant un étalon et son multiple
42 – Étalonner des réglettes

Séquence 3 : Mesurer des longueurs à l'aide d'une unité de référence

43 – Des réglettes à la coudée royale égyptienne
44 – Élaborer un algorithme d'utilisation de la coudée

Séquence 4 : De l'unité de référence non conventionnelle au système métrique

45 – De la coudée égyptienne à la règle graduée
46 – Multiples et sous-multiples
47 – Choisir l'instrument de mesure le plus adapté

Séquence 5 : Mesurer des longueurs dans le système métrique

48 – Mesurer avec la règle graduée
49 – Le message
50 – Construire des segments avec la règle graduée

Séquence 1 : Comparer des longueurs en utilisant des moyens directs.

Objectifs

- Faire comparer des objets du point de vue de leur longueur en utilisant des moyens directs.
- Classer les objets selon le critère *a la même longueur que* et ordonner les classes ainsi obtenues.
- Expliciter le résultat d'une comparaison en utilisant les expressions : *plus long que, aussi long que, moins long que*.

Progression

Activité 36 : manipulation
Activité 37 : conceptualisation
Activité 38 : exercice

Séquence 2 : Comparer des longueurs en utilisant des moyens indirects.

Objectifs

- Faire comparer des objets du point de vue de leur longueur en utilisant des moyens indirects :
  - un étalon arbitraire ;
  - un étalon imposé.
- Classer les objets selon le critère *a même longueur que* et ranger les classes ainsi obtenues.
- Expliciter le résultat d'une comparaison :
  - oralement, en utilisant les expressions *plus long que, aussi long que, moins long que* ;
  - par écrit, à l'aide d'un tableau.
- Introduire la notion d'unité de longueur.

Progression

Activités 39 et 40 : exercices
Activité 41 : appropriation
Activité 42 : exercice

Séquence 3 : Mesurer des longueurs à l'aide d'une unité de référence.

Objectifs

- Déterminer la mesure de la longueur d'objets en utilisant un système d'unités de référence :
  - un système non structuré ;
  - un système structuré non décimal.

• Expliciter le résultat d'un mesurage :
  - à l'aide de nombres entiers ;
  - à l'aide d'un encadrement.

• Utiliser le résultat de mesurages dans un système donné pour comparer des objets du point de vue de leur longueur, les classer et les ranger.

Progression

Activité 43 : appropriation
Activité 44 : manipulation

Séquence 4 : De l'unité de référence non conventionnelle au système métrique.

Objectifs

• Utiliser des instruments de mesure des longueurs :
  - instrument construit à partir d'une unité non conventionnelle et utilisant un système non décimal : la coudée royale égyptienne est divisée en 7 palmes, le palme étant divisé en 4 doigts.
  - instrument construit à partir d'une unité conventionnelle et utilisant le système décimal : le mètre est divisé en 10 décimètres, le décimètre est divisé en 10 centimètres, le centimètre est divisé en 10 millimètres.

• Introduire les unités conventionnelles de mesure des longueurs : le mètre et ses sous-multiples, décimètre, centimètre et millimètre.

Progression

Activité 45 : observation
Activités 46 et 47 : manipulation

Séquence 5 : Mesurer des longueurs dans le système métrique.

Objectifs

Utiliser la règle graduée en centimètres pour :
  - mesurer les longueurs d'objets réels, d'objets représentés, de lignes brisées ou de segments ;
  - construire des objets ou tracer des segments de longueur donnée.

Exprimer le résultat du mesurage d'une longueur :
  - la mesure de la longueur est égale à un nombre entier de centimètres ;
  - la mesure de la longueur est comprise entre deux nombres entiers de centimètres ;
  - la mesure de la longueur est égale à un nombre entier de centimètres et un nombre entier de millimètres.

Progression

Activités 48 à 50 : exercices.

Classer puis ranger des objets

Séquence 1 : comparer des longueurs en utilisant des moyens directs.	
	Faire comparer des objets du point de vue de leur longueur en utilisant des moyens directs. Classer les objets selon le critère *a la même longueur que* et ordonner les classes ainsi obtenues. Expliciter le résultat d'une comparaison en utilisant les expressions *plus long que, aussi long que, moins long que.*
	Les conclusions peuvent être explicitées à l'aide d'expressions variées : – on a mis ensemble les objets qui ont la même longueur ; – on a mis ensemble les objets qui sont aussi longs ; – des objets qui n'ont pas la même longueur ne peuvent pas être dans un même paquet ; – si un objet a est plus long qu'un objet b, les objets a et b ne sont pas dans le même paquet.
	Les élèves sont répartis en groupes de deux.
	Des objets manipulables par les groupes : des bandes découpées dans de la cartoline, des rubans, des baguettes ou des pailles. Les objets d'une même famille diffèrent seulement par leur longueur ; ils sont identifiables par une marque particulière, par exemple la couleur de l'ensemble ou le marquage à l'aide d'une gommette d'une couleur donnée.
	Chaque groupe reçoit un lot d'objets d'une seule sorte : des bandes de papier, ou des rubans, ou des baguettes, ou des pailles. **Consigne 1** Mettre ensemble les objets qui se ressemblent : deux objets qui se ressemblent sont mis dans une même famille ; deux objets qui ne se ressemblent pas sont mis dans des familles différentes ; tous les objets doivent être dans une famille. Les enfants effectuent leur recherche. Un rapporteur présente ensuite les résultats de son groupe et la manière de les obtenir. **Consigne 2** Prendre un objet dans chaque famille. Ranger les objets du plus court au plus long. Les enfants effectuent leur recherche. Vérifier les rangements effectués. Faire expliciter le résultat du rangement en utilisant les expressions *est plus longue que, est moins longue que.* C'est l'occasion de préciser qu'on ne peut pas placer les objets n'importe comment pour comparer les longueurs respectives, en particulier quand les longueurs sont voisines. *Cf.* p. 40.

Activité 37

Prévoir un rangement

Séquence 1 : comparer des longueurs en utilisant des moyens directs.	
	Faire comparer des objets du point de vue de leur longueur en utilisant des moyens directs. Classer les objets selon le critère *a la même longueur que* et ordonner les classes ainsi obtenues. Expliciter le résultat d'une comparaison en utilisant les expressions *plus long que*, *aussi long que*, *moins long que*.
	Le vocabulaire utilisé pour les conclusions qui peuvent être explicitées selon différents registres : – on a mis ensemble les objets qui ont la même longueur ; – on a mis ensemble les objets qui sont aussi longs ; – des objets qui n'ont pas la même longueur ne peuvent pas être dans un même paquet ; – si un objet a est plus long qu'un objet b, les objets a et b ne sont pas dans le même paquet.
	Les élèves sont répartis en groupes de deux.
	Des objets pour l'ensemble de la classe : cordelettes enroulées, rubans qui se gondolent, éléments rigides et rectilignes mis bout à bout pour constituer une chaîne. Des ciseaux.
	Des groupes d'objets de même nature mais de longueurs différentes sont présentés à l'ensemble de la classe. Exemple 1 A B C 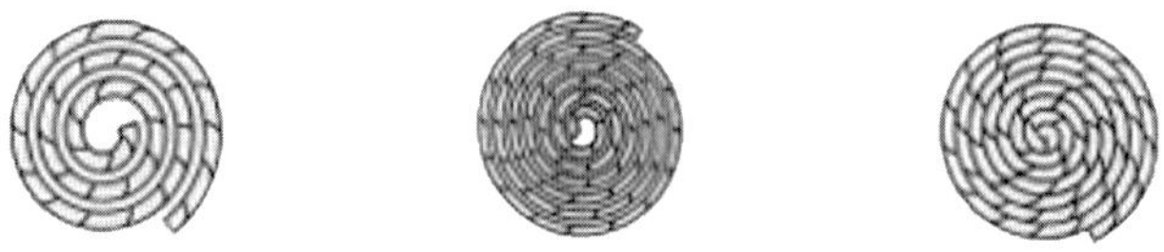 Exemple 2 D E F 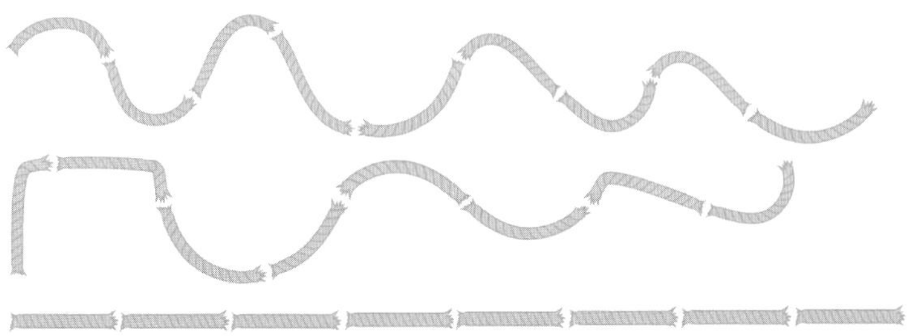

Exemple 3

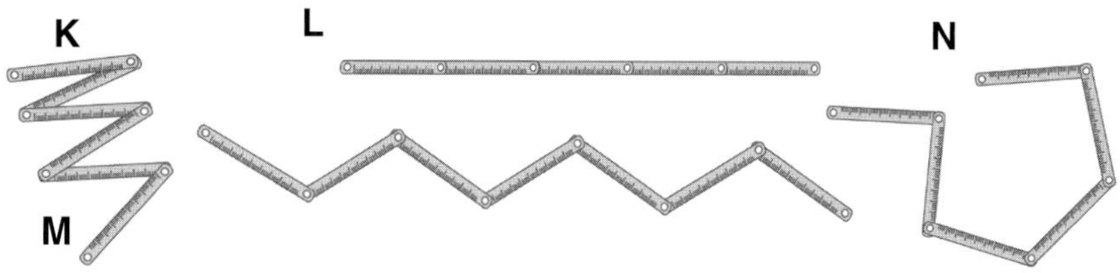

Consigne

Prévoir le rangement des différents objets dans un groupe donné.
Noter ces prévisions sur une feuille ou sur le cahier d'essais et les justifier.

Vérifier les prévisions par groupes en effectuant des comparaisons directes.

Différents moyens peuvent être utilisés pour expliciter par écrit le rangement prévu :
- rédiger des phrases utilisant un langage courant et des expressions spécifiques ;
- nommer les objets et affecter les noms d'un numéro.

Si plusieurs groupes d'élèves examinent le même groupe d'objets, on pourra confronter les justifications.

Activité 38

Compléter des séries

Séquence 1 : comparer des longueurs en utilisant des moyens directs.	
	Faire comparer des objets du point de vue de leur longueur en utilisant des moyens directs.
	Expliciter le résultat d'une comparaison en utilisant les expressions *plus long que*, *aussi long que*, *moins long que*.
	Les élèves travaillent individuellement.
	Fiche de travail. Des ciseaux et de la colle.
	Il s'agit de compléter des séries dans lesquelles les objets sont rangés en fonction de leur longueur. La comparaison s'effectue directement. On attendra des enfants qu'ils explicitent certains éléments de la conclusion.
	On pourra faire varier le nombre d'objets, entre quatre au moins et sept au plus.

Compléter des séries

Fiche de travail (variante A)

Consigne

1. Des crayons ont été rangés du moins long au plus long. On a commencé à les dessiner : **utilise** les crayons dessinés ci-dessous pour **compléter** les dessins.

a 

b 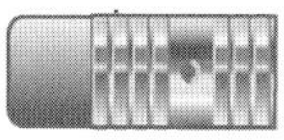

c 

d 

e 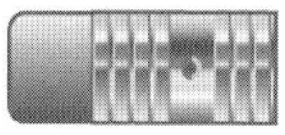

f 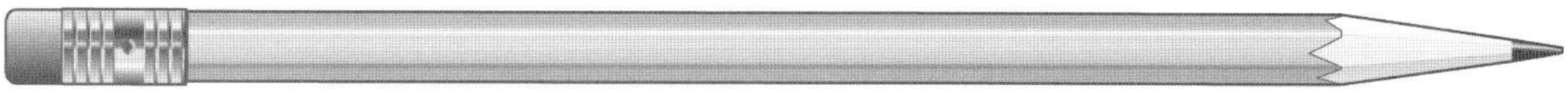

Découpe les crayons pour compléter le dessin.

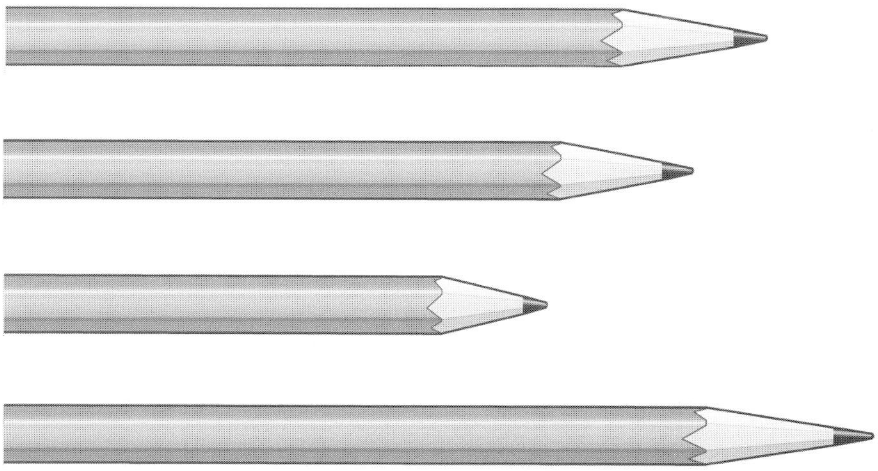

Consigne

2. Le crayon a la même longueur que le stylo-feutre : tu dois retrouver la partie cachée et la coller pour reconstituer le crayon.

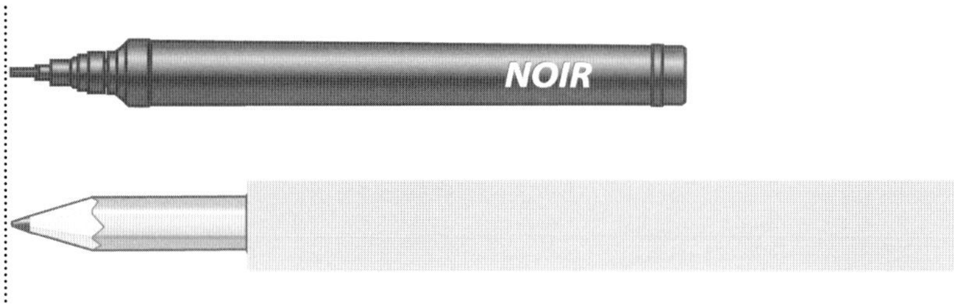

Consigne

3. Le crayon est plus court que le cutter mais plus long que le stylo : tu dois retrouver la partie cachée et la coller pour reconstituer le crayon.

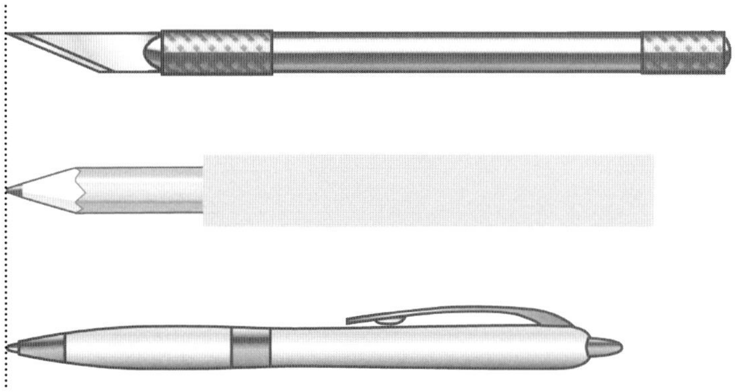

Consigne

4. Vrai ou faux ? Coche.

	VRAI	FAUX
1. Le stylo est moins long que le cutter.		
2. Le cutter est l'objet le moins long.		
3. Le stylo et le crayon n'ont pas la même longueur.		

Découpe les crayons superposables à la partie cachée.

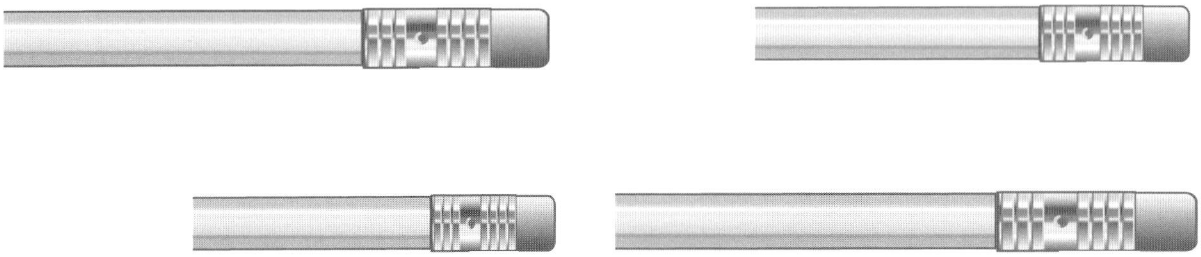

Compléter des séries

Fiche de travail (variante B)

On a découpé dix bandes de longueurs différentes et on les a rangées **de la plus longue à la moins longue**. Mais un petit lutin est venu ; il a enlevé des bandes et il les a remplacées par d'autres.

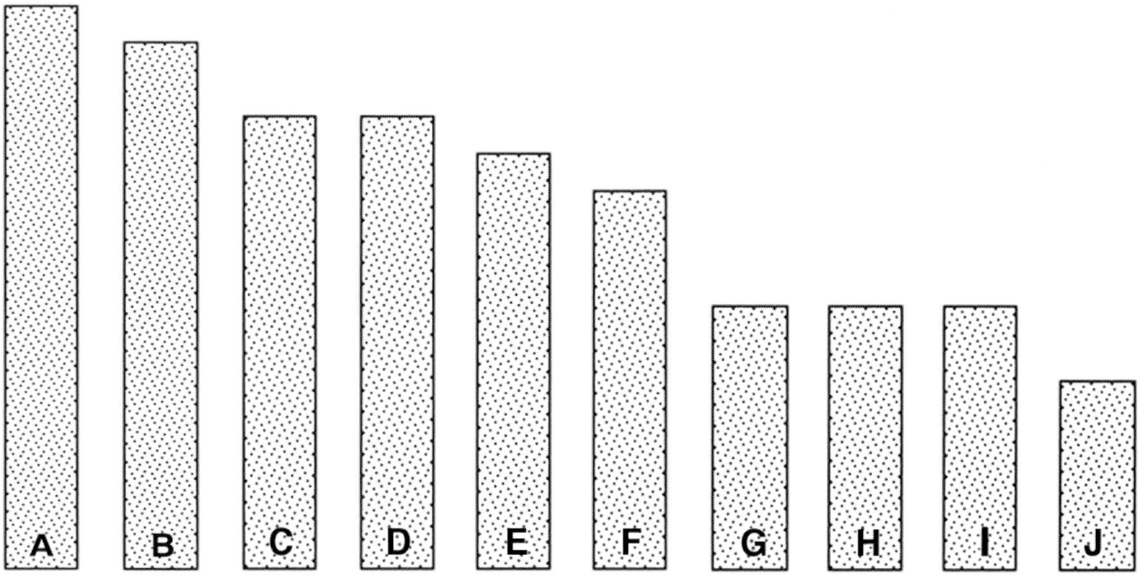

Consigne

1. **Barre** les noms des bandes qui ont **peut-être** été remplacées par le lutin :

A B C D E F G H I J

Consigne

2. **Utilise** les bandes que tu as découpées pour rechercher les bandes sablées qui ont **sûrement** été remplacées par le lutin. **Entoure** les noms des bandes que tu as trouvées.

❶ ❷ ❸ ❹ ❺ ❻ ❼ ❽ ❾

Consigne

3. **Remplace** ces bandes par des bandes que tu as découpées.

Découpe les bandes.

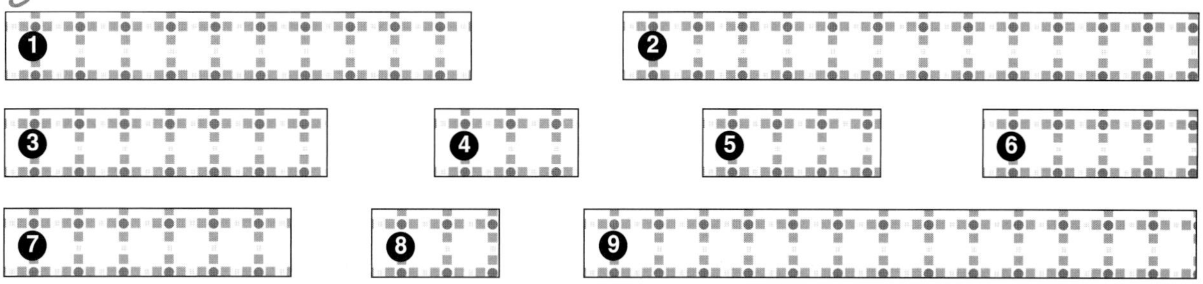

Activité 39

Mettre au point une technique de comparaison

Séquence 2 : comparer des longueurs en utilisant des moyens indirects.

Faire comparer des objets du point de vue de leur longueur en utilisant des moyens indirects : un étalon arbitraire, un étalon imposé.

Expliciter le résultat d'une comparaison :
- oralement, en utilisant les expressions *plus long que*, *aussi long que*, *moins long que* ;
- par écrit, à l'aide d'un tableau.

Introduire la notion d'unité de longueur.

On veillera à la précision du vocabulaire employé par les enfants :
- la bande O est égale à n fois la longueur de la réglette r ;
- la bande $\mathcal{B}$ est comprise entre n fois et $(n + 1)$ fois la longueur de la réglette r.

Les élèves sont répartis en groupes de deux.

Des bandes de papier de couleurs différentes et de longueurs différentes :
- des bandes sont collées sur une feuille de carton, au recto et au verso ;
- deux ou trois bandes ne sont pas collées : l'une d'elles est plus courte que toutes les bandes collées, une autre est plus longue que toutes les bandes collées.

Plusieurs exemplaires d'une même réglette de référence.

Des ciseaux.

Première étape : l'élément auxiliaire est librement choisi.

Consigne
Ranger toutes les bandes, collées ou non, de la bande la plus longue à la bande la plus courte.
Présenter par écrit le rangement obtenu et expliquer comment il a été obtenu.

Les enfants mettent au point leur technique de comparaison. On pourra voir apparaître deux techniques au moins :
– graduer chaque bande avec la plus petite de toutes les bandes non collées, ce qui suppose le report de la petite bande sur chaque bande et le dénombrement des reports effectués ;

– reporter la longueur de chaque bande sur la plus grande des bandes non collées, ce qui suppose le marquage d'une origine sur la grande bande et l'identification des repères effectués.

Les résultats peuvent être présentés dans un tableau mettant en regard le nom de la bande et le numéro qui lui est attribué dans le rangement.

Deuxième étape : l'élément auxiliaire est imposé.

L'objectif est d'écrire le rangement de toutes les bandes utilisées par plusieurs groupes ou par la classe, chaque groupe conservant son propre matériel.

Une réflexion préliminaire de la classe conduira à :
- un accord sur la technique de la graduation de chaque bande à l'aide d'une bande plus courte que toutes les autres, ceci pour des raisons de précision ;
- la convention d'une unique réglette de référence r plus courte que toutes les bandes et reproduite en autant d'exemplaires qu'il y a de groupes dans la classe, ceci pour des raisons de communication entre les groupes.

Les élèves utilisent la réglette de référence fournie r et notent leurs résultats dans un tableau faisant apparaître pour chaque bande son nom et la mesure de sa longueur.
Cette dernière pourra être exprimée, selon les cas par :
– un nombre n qui est le nombre exact de reports de la réglette r, et on dira que la longueur de la bande $\mathcal{B}$ est égale à n fois la longueur de la réglette r ;
– les bornes d'un intervalle $[n, (n + 1)]$: si on reporte n fois la réglette r, il reste un morceau de la bande $\mathcal{B}$, mais si on reporte $(n + 1)$ fois la réglette r, on dépasse la bande $\mathcal{B}$; on dira que la longueur de la bande $\mathcal{B}$ est comprise entre n fois et $(n + 1)$ fois la longueur de la réglette r.

On pourra aussi travailler avec des chemins au lieu de bandes.

L'analyse conduira les élèves à se poser le problème des ex aequo : les éléments d'une même classe sont-ils réellement d'une même longueur ?

Il peut être débattu d'un moyen de séparer les ex aequo :
- choisir une autre réglette référence plus courte que la réglette r ;
- choisir une autre seconde réglette, complémentaire de la réglette r et l'utiliser quand on ne peut plus utiliser la réglette r.

Mettre au point une technique de comparaison

Fiche de travail (variante A)

Dimitri a découpé des bandes de carton qu'il a marquées avec l'une des lettres *a*, *b*, *c*, *d*, *e* et *f*.

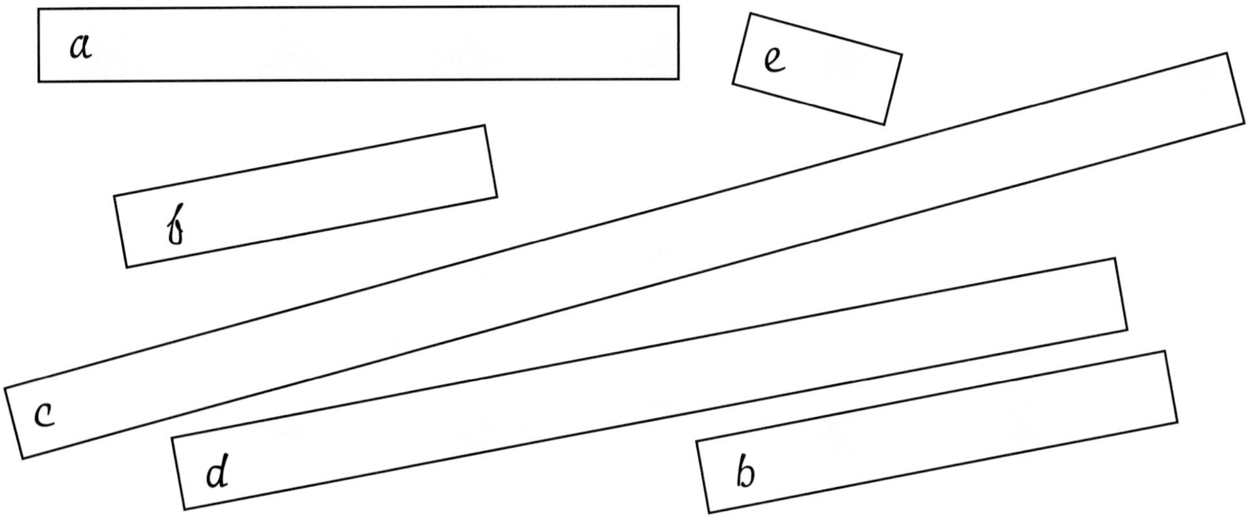

Consigne

1. **Découpe** la réglette *r* et utilise-la pour **compléter** le tableau.

Nom de la bande	*a*	*b*	*c*	*d*	*e*	*f*
Mesure de la longueur de la bande (la réglette *r* est l'unité)						

Consigne

2. **Écris** les noms des bandes de la moins longue à la plus longue.

	n° 1	n° 2	n° 3	n° 4	n° 5	n° 6
Nom de la bande						

Consigne

3. Vrai ou faux ? **Coche.**

	VRAI	FAUX
1. La bande *d* est plus longue que la bande *c*.		
2. La bande *b* est plus longue que la bande *c*.		
3. La bande *e* est moins longue que la bande *f*.		
4. La bande *d* est moins longue que la bande *a*.		

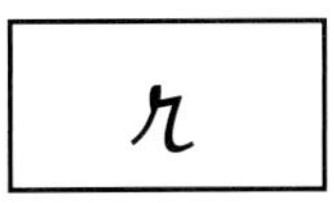

Mettre au point une technique de comparaison

Fiche de travail (variante B)

La chèvre, le lapin et l'âne ont vu la même carotte !

Consigne

1. **Mesure** la longueur des chemins avec la réglette *r* et **complète** le tableau. Attention : la mesure peut être égale à un nombre entier ou être comprise entre deux nombres entiers !

	âne	lapin	chèvre
Mesure de la longueur du chemin (la réglette *r* est l'unité)			

Consigne

2. Vrai ou faux ? **Coche.**

	VRAI	FAUX
Le chemin du lapin est plus long que celui de l'âne.		
Le chemin du lapin est plus court que celui de la chèvre.		
Le chemin de la chèvre est plus long que celui de l'âne.		
Le chemin du lapin est le plus court.		
Le chemin de l'âne est le plus long.		

r

Activité 40

Construire des objets à partir d'un étalon

<table>
<tr><th colspan="2">Séquence 2 : comparer des longueurs en utilisant des moyens indirects.</th></tr>
<tr><td></td><td>Faire comparer des objets du point de vue de leur longueur en utilisant un étalon imposé.

Construire des objets selon le critère a la même longueur que.

Expliciter le résultat d'une comparaison en utilisant les expressions plus long que, aussi long que, moins long que.

Introduire la notion d'unité de longueur.</td></tr>
<tr><td>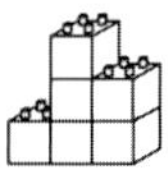</td><td>Faire des phrases précises et complètes : expliciter certains éléments de la conclusion, soit par écrit, soit oralement.</td></tr>
<tr><td></td><td>Les élèves travaillent individuellement.</td></tr>
<tr><td></td><td>Plusieurs exemplaires d'une même réglette de référence.

Fiche de travail.

Ciseaux et colle.</td></tr>
<tr><td></td><td>Construire des objets répondant à certaines contraintes, comme par exemple :
– découper une bande dont la longueur est égale à n fois la longueur d'une réglette de référence ;
– découper une bande dont la longueur est comprise entre n fois la longueur d'une réglette de référence et (n + 1) fois la longueur de cette réglette.</td></tr>
<tr><td></td><td>Le nombre d'objets peut varier de quatre au moins à sept au plus.

On pourra proposer différents moyens d'explicitation du rangement :
– en numérotant ou en coloriant les objets ;
– en utilisant un tableau à double entrée ;
– en complétant des phrases.</td></tr>
</table>

Construire des objets à partir d'un étalon

Fiche de travail (variante A)

Cécilia a découpé des bandes de carton qu'elle a marquées avec l'une des lettres *a*, *b*, *c* et *d*.

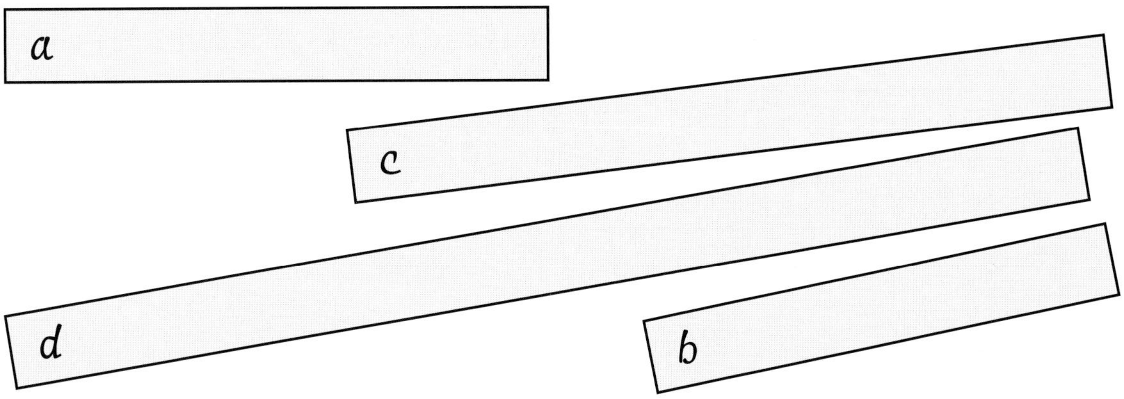

Consigne

1. Découpe dans la bande sablée qui se trouve en bas de la page une bande *f* aussi longue que 8 réglettes *r* mises bout à bout. Colle cette bande, puis complète la phrase.

La bande *f* est .... que la bande *d* et .... que la bande *c*.

Consigne

2. Découpe dans la bande quadrillée une bande *g*.
- qui est moins longue que la bande *c* et plus longue que la bande *a* ;
- qui a une longueur comprise entre deux nombres entiers : on peut recouvrir presque toute la bande avec plusieurs réglettes mises bout à bout et, si on met une réglette de plus, on dépasse la bande.

Colle cette bande, puis complète la phrase.

La longueur de la bande découpée est comprise entre .... et ....

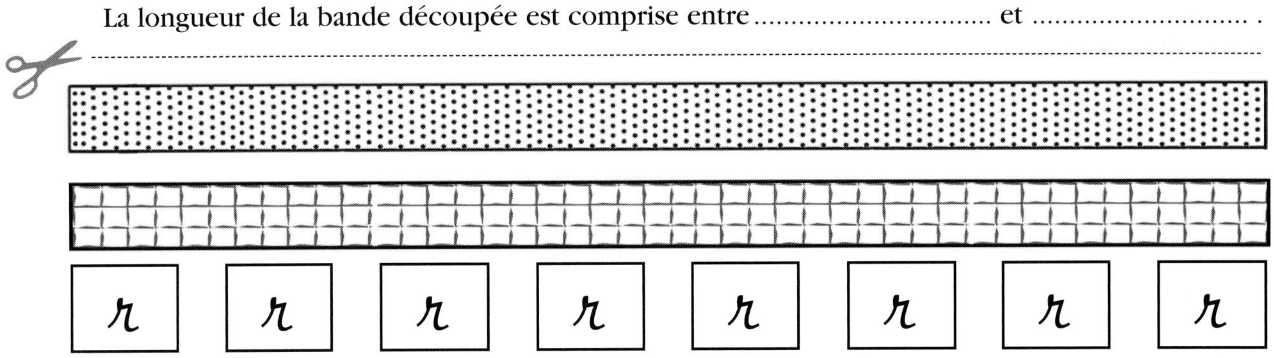

Construire des objets à partir d'un étalon

Fiche de travail (variante B)

Consigne

1. Il y avait des marques sur les crayons, mais un petit lutin les a effacées. Heureusement, il avait mesuré les longueurs des crayons avec la réglette *r*. Avant de disparaître, il a inscrit dans un tableau les marques et les longueurs des crayons. **Retrouve** les marques de chaque crayon.

marque	✕	☆	□	△	○	♥
longueur	entre 2 et 3	3	4	5	entre 6 et 7	8

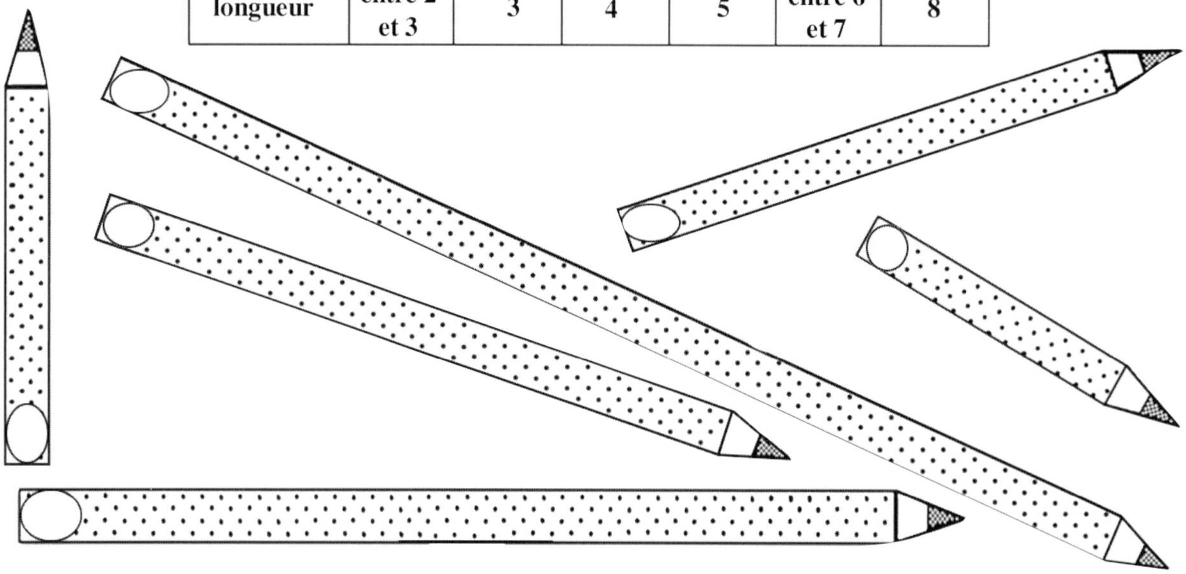

Consigne

2. Élodie a découpé une bande $\mathcal{B}_1$. Elle dit que cette bande a la même longueur que le crayon marqué ♥. Élodie a-t-elle raison ? **Explique** pourquoi.

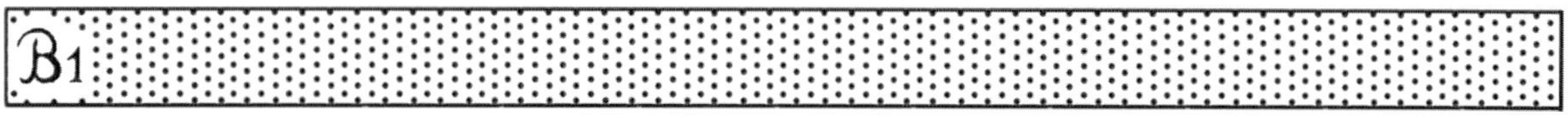

....

....

Consigne

3. Félicien a découpé une bande $\mathcal{B}_2$. Il dit que cette bande est égale à la longueur du crayon marqué ✕. Félicien a-t-il raison ? **Explique** pourquoi.

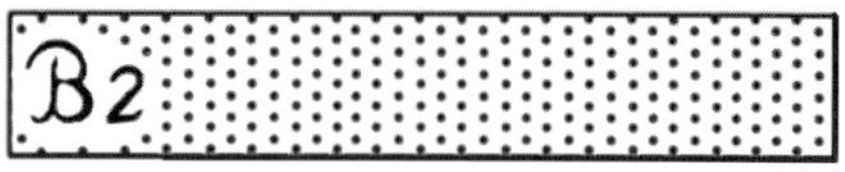

....

....

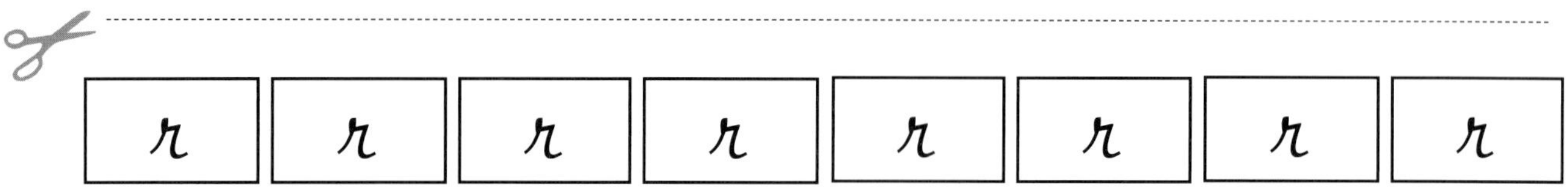

Mesurer en utilisant un étalon et son multiple

Séquence 2 : comparer des longueurs en utilisant des moyens indirects.

Déterminer la mesure de la longueur d'objets en utilisant un système d'unités de référence : un système non structuré, un système structuré non décimal.

Utiliser le résultat de mesurages dans un système donné pour comparer des objets du point de vue de leur longueur, les classer et les ranger.

Expliciter le résultat d'un mesurage :
- à l'aide de nombres entiers,
- à l'aide d'un encadrement.

Les élèves sont répartis en groupes de deux, associés entre eux.

Chaque groupe reçoit une pelote de ficelle ou un autre matériau qui peut être enroulé et un exemplaire de l'unité de référence u_1.

Les longueurs des ficelles sont de l'ordre de 40 à 50 fois l'unité de référence ; ces longueurs sont différentes, les différences entre deux ficelles n'excédant pas 4 unités de réference.

Mesurage avec une unité de référence
Il s'agit de déterminer la longueur de la ficelle contenue dans chaque pelote, de manière à ranger les pelotes dans l'ordre croissant des longueurs de ficelle.

Chaque longueur sera déterminée deux fois : une fois par le groupe qui reçoit la pelote et une fois par le groupe qui lui est associé.

Consigne
Déterminer la longueur de la ficelle de la pelote reçue à l'aide de l'unité de référence u_1 et noter le résultat obtenu.

Échanger la pelote avec le groupe associé.

Déterminer la longueur de la ficelle de la nouvelle pelote, toujours à l'aide de la même unité de référence, et noter le résultat obtenu.

Tous les résultats sont rassemblés dans un tableau, visible par toute la classe, et mettant en regard le nom des pelotes (ou leur numéro) et les longueurs obtenues par les deux groupes qui les ont mesurées.

	1er résultat	2e résultat
pelote n° 1		
pelote n° 2		
pelote n° 3		

Un débat est provoqué par le maître afin de dégager un certain nombre de constatations relatives à :
- la durée des manipulations ;
- la différence des résultats à propos d'une même pelote ;
- l'impossibilité éventuelle de déduire un rangement à partir des résultats obtenus, ce qui est le cas si on obtient :

	1er résultat	2e résultat
pelote n° 1	43	46
pelote n° 2	44	45
pelote n° 3	(41, 42)	44

Mesurage avec un système d'unités

Consigne
Utiliser les unités u_1 et u_2 pour déterminer la longueur de la ficelle d'une pelote et noter le résultat.
Échanger la pelote avec un autre groupe.
Utiliser les unités u_1 et u_2 pour déterminer la longueur de la ficelle de la nouvelle pelote et noter le résultat.

Un certain nombre de questions peuvent se poser :
- Qu'est-ce qui explique les différences ?
- Comment s'y prendre pour ne pas se tromper ?
- Comment s'y prendre pour aller au plus vite ?

Compte tenu du nombre important de reports nécessaires (entre 40 et 50), les enfants penseront à choisir une unité plus grande que celle donnée, et éventuellement à construire cette nouvelle unité u_2 comme un multiple de l'unité initiale u_1. Il faudra alors s'entendre sur la relation entre la nouvelle unité u_2 et l'ancienne u_1.

Étalonner des réglettes

Séquence 2 : comparer des longueurs en utilisant des moyens indirects.

Utiliser le résultat de mesurages dans un système donné pour comparer des objets du point de vue de leur longueur.

Classer et ranger ces objets.

Les résultats sont explicités oralement, puis reportés dans un tableau visible par toute la classe et qui peut prendre la forme suivante :

est équivalente à	réglette blanche	réglette(s) rouge(s)	réglette(s) verte(s)
la réglette blanche	1	7	28
la réglette rouge	X	1	4
la réglette verte	X	X	1

Les élèves sont répartis en groupes de deux.

Chaque groupe reçoit trois réglettes de référence de trois couleurs différentes, rouges, vertes et blanches, par exemple. Ces réglettes constituent un système de mesure organisé de manière qu'une réglette rouge mesure quatre réglettes vertes et qu'une réglette blanche mesure sept réglettes rouges.

Des objets dont il faudra mesurer la longueur en utilisant le nouveau système.

Il s'agit d'utiliser le système de mesure pour :
- déterminer la longueur d'objets présents dans la classe ou fournis par le maître dans ce but ;
- comparer des objets, connaissant la mesure de leur longueur.

Découverte du système de mesure
Mesurer la longueur de la réglette rouge en prenant la réglette verte comme réglette de référence.

Mesurer la longueur de la réglette blanche en prenant la réglette rouge comme réglette de référence.

Utilisation du système de mesure
Mesurer la longueur des objets à l'aide des réglettes vertes, rouges et blanches. Noter les résultats.

Notation des résultats

Un débat est alors provoqué par le maître afin de dégager un certain nombre de constatations relatives à :

- la notation des résultats : faut-il écrire 2 vertes, 6 rouges et 1 blanche ou 2 V, 6 R et 1 B, ou trouver encore un autre système de notation ?
- la pluralité des désignations : pour un même objet, on peut trouver plusieurs expressions de la longueur :
  - (E1) 1 blanche, 2 rouges et 3 vertes ;
  - (E2) 1 blanche et 11 vertes ;
  - (E3) 9 rouges et 3 vertes.

La question se pose alors de savoir si toutes ces expressions traduisent des manipulations correctes et s'il n'y en a pas une à privilégier.

En tenant compte des règles de groupement des unités de mesure des longueurs d'une part et, d'autre part, de relations entre les nombres, on pourra être conduit à des formulations analogues aux suivantes :

- comme 11 = 2 x 4 + 3, 11 vertes, c'est la même chose que 2 fois 4 vertes et 3 vertes, autrement dit que 2 rouges et 3 vertes ;
- comme 9 = 7 + 2, 9 rouges, c'est la même chose que 7 rouges et 2 rouges, autrement dit que 1 blanche et 2 rouges.

Établissement de règles

On en déduit des règles d'action pour le mesurage. On commence par reporter la réglette blanche qui est la plus longue, puis, si cela est nécessaire, on reporte la réglette rouge et enfin la réglette verte.

On établit aussi des règles pour l'expression de la mesure de la longueur d'un objet dans ce système. Dans l'écriture du résultat d'un mesurage:

- on n'a pas le droit d'avoir plus de 3 réglettes vertes ;
- on n'a pas le droit d'avoir plus de 6 réglettes rouges ;
- le nombre de réglettes blanches n'est pas limité.

Cet exercice donne l'occasion :

1. d'expliciter les règles de comparaison de deux mesures de longueur :
   - si le nombre de réglettes blanches n'est pas le même, la plus grande longueur est celle qui fait apparaître le plus grand nombre de réglettes blanches ;
   - sinon, si le nombre de réglettes rouges n'est pas le même, la plus grande longueur est celle qui fait apparaître le plus grand nombre de réglettes rouges ;
   - sinon, si le nombre de réglettes vertes n'est pas le même, la plus grande longueur est celle qui fait apparaître le plus grand nombre de réglettes vertes ;
   - sinon, les longueurs sont égales.
2. de rappeler les règles d'échange entre les unités du système de mesure :
   - 4 vertes contre 1 rouge,
   - 7 rouges contre 1 blanche.
3. d'utiliser ces règles dans le calcul de la somme des mesures.

Étalonner des réglettes

Fiche de travail

Observe le système de réglettes placées en bas de la page. Il y a trois réglettes différentes : la réglette V (verte), la réglette R (rouge) et la réglette B (blanche).

Consigne

1. **Complète** les phrases suivantes :

La réglette R a la même longueur que .... réglettes V mises bout à bout.

La réglette B a la même longueur que .... réglettes R mises bout à bout.

La réglette B a la même longueur que .... réglettes V mises bout à bout.

Consigne

2. Utilise les réglettes pour **mesurer** les longueurs des bandes et **complète** le tableau :

bande	réglette V	réglette R	réglette B
c			
h			
i			
e			
n			

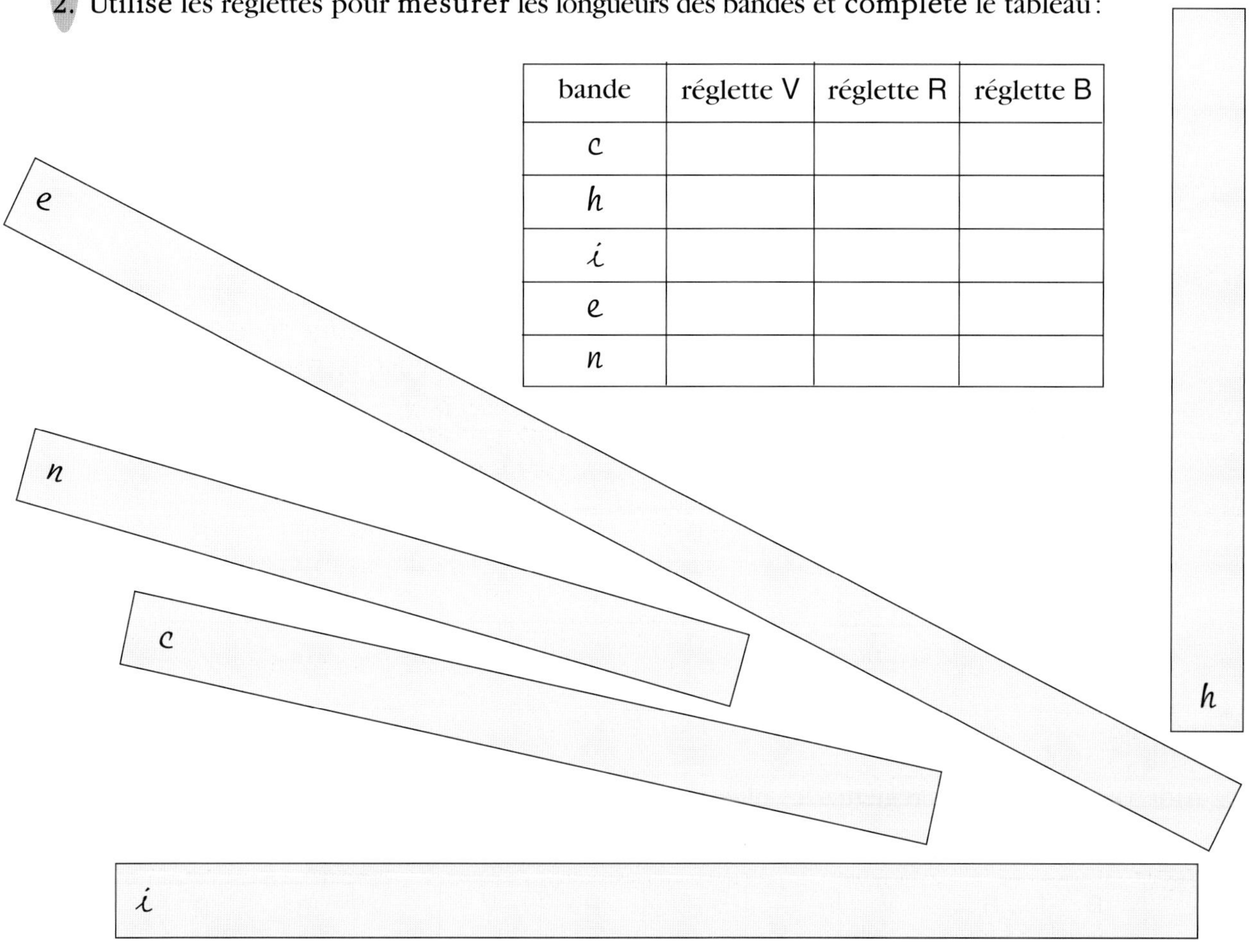

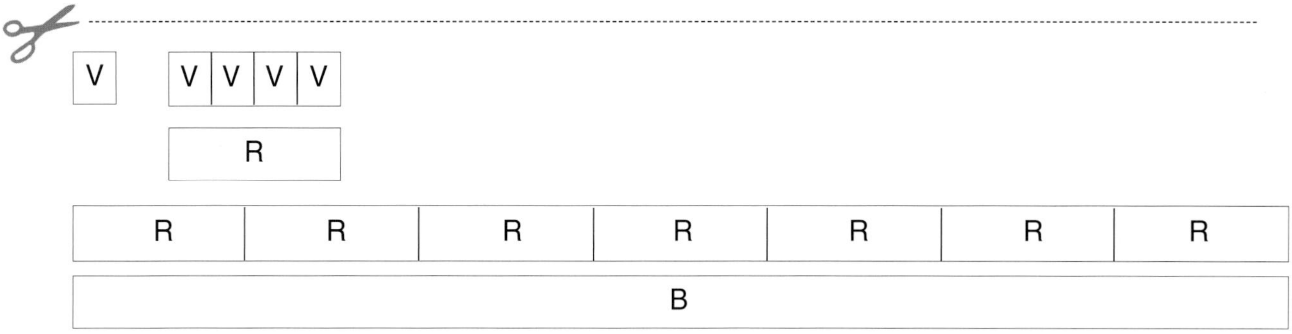

Gaël a mesuré des longueurs avec la réglette V (verte), la réglette R (rouge) et la réglette B (blanche). Il a écrit les résultats, mais il n'a pas toujours utilisé la réglette la plus adaptée.

Observe les réglettes.

V

V	V	V	V

R

R	R	R	R	R	R	R

B

Observe les mesures de Gaël.

①

B	R	V
X	X	6

②

B	R	V
X	12	X

③

B	R	V
X	6	7

④

B	R	V
2	8	X

⑤

B	R	V
5	5	5

⑥

B	R	V
2	16	5

Consigne

3. **Aide** Gaël à utiliser les réglettes les plus adaptées.

①

B	R	V
X	X	6

②

B	R	V
X	12	X

③

B	R	V
X	6	7

④

B	R	V
2	8	X

⑤

B	R	V
5	5	5

⑥

B	R	V
2	16	5

Hervé a découpé des ficelles et a mesuré les longueurs avec le système des trois réglettes. Il a noté ses résultats dans un tableau :

Numéro de la ficelle	Mesure de sa longueur
n° 1	1 rouge et 3 vertes
n° 2	2 vertes
n° 3	1 blanche, 5 rouges et 2 vertes
n° 4	6 rouges et 1 verte
n° 5	1 blanche, 2 rouges et 3 vertes

Consigne

4. **Réponds** aux questions :

Quelle est la ficelle la plus courte ? ....

Quelle est la ficelle la plus longue ? ....

Consigne

5. **Complète** le tableau. Range les ficelles dans l'ordre croissant des mesures de leur longueur.

Numéro de la ficelle	Mesure de sa longueur

René a mis les ficelles bout à bout pour obtenir une grande ficelle.
Quelle est la longueur de la grande ficelle ?

....

Activité 43

Des réglettes à la coudée royale égyptienne

Séquence 3 : mesurer des longueurs à l'aide d'une unité de référence.

Utiliser des instruments de mesure des longueurs :
– instrument construit à partir d'une unité conventionnelle et utilisant le système décimal : le mètre est divisé en 10 décimètres, le décimètre en 10 centimètres, le centimètre en 10 millimètres.
– instrument construit à partir d'une unité non conventionnelle et utilisant un système non décimal : la coudée royale égyptienne. La coudée est divisée en 7 palmes, le palme est divisé en 4 doigts.

Les enfants travaillent individuellement.

Des bandes de papier de couleurs différentes et de longueurs différentes ou d'autres objets (rubans, ficelles, etc.) qui feront l'objet de mesurages.

Des instruments de mesure :
- des reproductions de la coudée royale égyptienne (les graduations en palmes sont rouges, les autres vertes et ces graduations ne sont pas numérotées) ;
- plusieurs exemplaires du système des trois réglettes (verte, rouge et blanche) élaboré au cours de la séquence précédente.

Des ciseaux et de la colle.

Chaque enfant reçoit des bandes de papier (certaines ont une longueur mesurant un nombre entier de doigts, d'autres un nombre entier de centimètres) et une reproduction de la coudée royale égyptienne. Il a à sa disposition un jeu des trois réglettes (verte, rouge et blanche) du système de mesure construit au cours de la séquence précédente

Découverte de la coudée royale égyptienne
On précise que la règle est une reproduction d'un ancien instrument de mesure utilisé par les Égyptiens, ce qui est attesté par la présence de hiéroglyphes.
On examine les différentes marques que porte la règle :
- les hiéroglyphes, sur lesquels on ne s'attarde pas outre mesure, des représentations de doigts et de mains, ainsi que des chiffres égyptiens ;
- des traits rouges ou verts qui traversent complètement la règle et qu'on appelle des graduations ;
- un trait rouge qui ne traverse pas complètement la règle et qui marque le milieu de la règle.

On précise comment orienter la règle en disant que les oiseaux doivent être debout.

Consigne

Utiliser les réglettes vertes, rouges et blanches pour mesurer :
- la distance entre deux graduations vertes ;
- la distance entre deux graduations rouges ;
- la longueur de la règle.

Comparaison entre le système des réglettes et la coudée égyptienne

On fait le lien avec le système des trois réglettes :
- la longueur de la réglette verte est égale à la distance entre deux graduations vertes ou une graduation verte et une graduation rouge : l'unité de mesure représentée s'appelle le doigt ;
- la longueur de la réglette rouge est égale à la distance entre deux graduations rouges : l'unité de mesure représentée s'appelle le palme ;
- la longueur de la réglette blanche est égale à la longueur de la règle complète : l'unité de mesure représentée s'appelle la coudée.

On rappelle les relations entre les différentes unités :
- une réglette blanche est obtenue en mettant bout à bout sept réglettes rouges, autrement dit : 1 coudée = 7 palmes ;
- chaque réglette rouge est obtenue en mettant bout à bout quatre réglettes vertes, autrement dit : 1 palme = 4 doigts.

On en déduit que la réglette blanche pourrait être obtenue en mettant bout à bout vingt-huit réglettes vertes, soit parce que 4 x 7 = 28, soit parce que 4 + 4 + 4 + 4 + 4 + 4 + 4 = 28, autrement dit : 1 coudée = 28 doigts.

réglette blanche	réglette rouge	réglette verte
coudée	palme	doigt
	1	4
1	7	28

Des réglettes à la coudée royale égyptienne

Fiche de travail

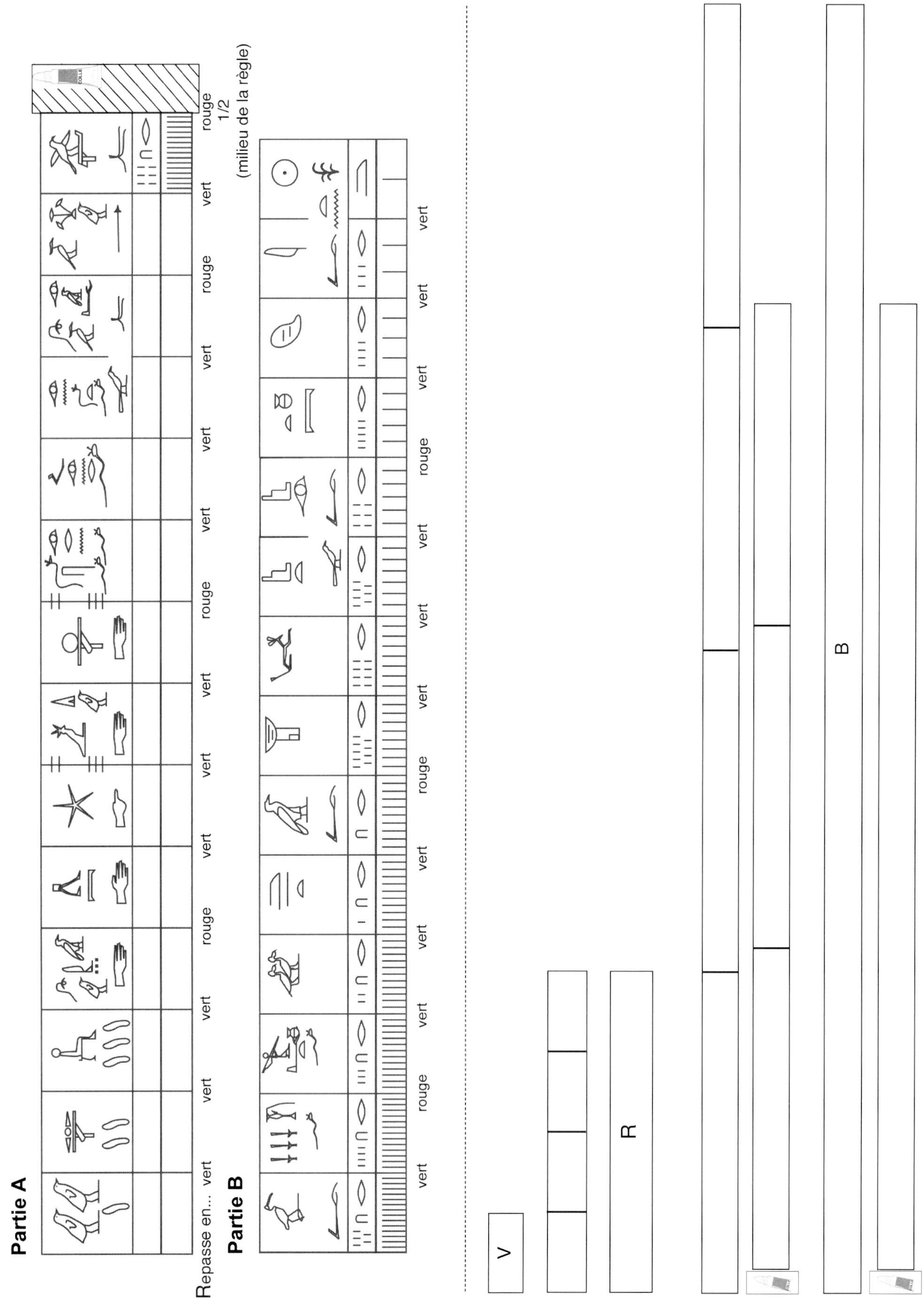

Élaborer un algorithme d'utilisation de la coudée

Séquence 3 : mesurer des longueurs à l'aide d'une unité de référence.

Utiliser des instruments de mesure des longueurs :

– instrument construit à partir d'une unité non conventionnelle et utilisant un système non décimal : la coudée royale égyptienne. La coudée est divisée en 7 palmes, le palme est divisé en 4 doigts.

– instrument construit à partir d'une unité conventionnelle et utilisant le système décimal : le mètre divisé en 10 décimètres, le décimètre divisé en 10 centimètres, le centimètre divisé en 10 millimètres.

Les enfants travaillent par groupes de deux.

Des bandes de même longueur et de même couleur sont remises à plusieurs élèves.
La mesure de la longueur d'une bande est inférieure à une coudée.
La mesure d'une longueur est égale à n palmes, ou égale à n palmes et p doigts, ou comprise entre n palmes et p doigts et n palmes et $(p+1)$ doigts.

Consigne
Utiliser la règle égyptienne et non plus le système des réglettes vertes, rouges et blanches pour mesurer la bande reçue.

Les résultats sont confrontés et les enfants expliquent la façon selon laquelle ils ont procédé.

On place la bande à mesurer horizontalement.

On place la règle contre la bande à mesurer ; l'extrémité gauche de la règle doit être en face de l'extrémité gauche de l'objet :
- on cherche si l'extrémité droite de l'objet se trouve en face d'une graduation de la règle :
- si oui, on compte le nombre n de grands traits rouges entre les deux extrémités de la bande, puis le nombre p de traits verts entre le dernier grand trait rouge et la deuxième extrémité de la bande et on dit que la mesure de la bande est égale à n palmes et p doigts ;
- si non, on compte le nombre n de grands traits rouges entre les deux extrémités de la bande, puis le nombre p de traits verts entre le dernier grand trait rouge et la deuxième extrémité de la bande, et on dit que la mesure de la bande est comprise entre n palmes et p doigts et n palmes et $(p+1)$ doigts.

Des difficultés peuvent se présenter dans le dénombrement des grands traits rouges et des traits verts compris entre les deux extrémités de la bande ; on peut alors proposer de numéroter les graduations :

– les graduations rouges sont numérotées en rouge ;
  • dans un premier temps, on utilisera les chiffres de 1 à 7, plus précisément les chiffres de 1 à 6 pour marquer les graduations visibles, et le chiffre 7 pour marquer la graduation de l'extrémité droite de la règle ;
  • dans un second temps, on pourra utiliser le chiffre 0 pour repérer l'extrémité gauche de la règle ;
– les graduations vertes sont numérotées en vert, de 1 à 3, autant de fois qu'il le faut.

Utilisation de la règle égyptienne pour mesurer ou reporter des longueurs

Étape 1

Les élèves sont par groupes de deux. Chaque groupe dispose de bandes de papier, de rubans ou de ficelles.

Chaque élève mesure un objet n° 1 et produit un message qui permettra à un autre élève de construire un objet n° 2 (une bande ou un morceau de ficelle, par exemple) ayant la même longueur que l'objet n° 1.

La validation du message peut alors se faire par superposition des bandes ou des rubans ou par juxtaposition des ficelles. Des litiges peuvent apparaître quand la mesure n'est pas égale à un nombre entier de doigts (soit un nombre entier de coudées, de palmes et de doigts) mais est comprise entre deux nombres entiers.

Étape 2

Les objets de même longueur sont placés dans un paquet étiqueté avec la mesure de leur longueur, celle-ci étant exprimée en coudées, en palmes et en doigts, soit à l'aide d'un nombre entier, soit à l'aide d'un intervalle.

Les paquets sont ensuite rangés dans l'ordre croissant des mesures des longueurs.

De la coudée égyptienne à la règle graduée

Séquence 4 : de l'unité de référence non conventionnelle au système métrique.

Utiliser des instruments de mesure des longueurs.

Instrument construit à partir d'une unité non conventionnelle et utilisant un système non décimal : la coudée royale égyptienne. La coudée est divisée en 7 palmes, le palme est divisé en 4 doigts.

Instrument construit à partir d'une unité conventionnelle et utilisant le système décimal : le mètre est divisé en 10 décimètres, le décimètre en 10 centimètres, le centimètre en 10 millimètres.

Introduire les unités conventionnelles de mesure des longueurs : le mètre et ses sous-multiples, décimètre, centimètre et millimètre.

Les élèves travaillent en classe entière.

Des bandes de papier de couleurs différentes et de longueurs différentes ou d'autres objets (rubans, ficelles, etc.) qui feront l'objet de mesurages.

Des instruments de mesure :
- des reproductions de la coudée royale égyptienne (les graduations en palmes sont rouges, les autres vertes et ces graduations ne sont pas numérotées) ;
- les règles graduées utilisées par les enfants (double ou triple décimètre) ;
- la règle plate du tableau ;
- des mètres différents : mètre pliant, mètre ruban, centimètre de couturière, etc.

Des ciseaux et de la colle.

Comparaison entre la règle graduée et la règle égyptienne

Consigne 1
Prendre les règles graduées, les observer et les comparer à la règle égyptienne.

On fera remarquer :
- que la règle porte des graduations, parmi lesquelles certaines sont grandes et d'autres petites ;
- que des nombres sont inscrits en face de chaque grande graduation : ceci permet d'orienter la règle graduée en plaçant le zéro à gauche, de manière que les nombres soient lisibles.

On constate alors que les nombres sont rangés dans l'ordre croissant de la gauche vers la droite et que la distance entre deux grandes graduations est inférieure à la distance entre deux graduations vertes de la règle égyptienne.

On introduira le mot centimètre en précisant que le centimètre est la distance entre deux grandes graduations qui se suivent, ou la distance entre deux graduations qui sont marquées de deux nombres consécutifs.

On pourra également dire que le centimètre est la longueur de l'intervalle entre deux grandes graduations qui se suivent sur la règle graduée.

Utilisation de la règle graduée

Consigne 2
Utiliser les règles graduées pour mesurer des longueurs.

On fera mesurer les longueurs de bandes de papier dont les enfants disposent, parmi lesquelles les réglettes vertes, rouges et blanches dont les mesures des longueurs sont respectivement égales à 1 doigt, 1 palme et 1 coudée dans le système égyptien.

L'explicitation des résultats des mesurages et leur traduction par écrit sera l'occasion de préciser l'abréviation du mot centimètre (cm) et, selon les cas, on notera que la mesure d'une longueur :
- est égale à un nombre entier de centimètres (par exemple : $\ell = 3$ cm) ;
- est comprise entre deux nombres entiers de centimètres (par exemple 3 cm $< \ell <$ 4 cm).

Les sous-multiples du centimètre

Consigne 3
Examiner les petites graduations repérées entre deux grandes graduations :
- combien y a-t-il d'intervalles entre deux grandes graduations ?
- y a-t-il toujours le même nombre d'intervalles entre deux grandes graduations qui se suivent ?

On précisera qu'un intervalle d'un centimètre est toujours partagé en dix parties de même longueur et que la longueur de chacune de ces parties est égale à 1 millimètre ; autrement dit, le millimètre est égal à :
- la distance entre deux petites graduations qui se suivent ;
- ou bien la distance entre une grande graduation et la petite graduation qui vient juste après ;
- ou bien la distance entre une grande graduation et la petite graduation qui vient juste avant.

Consigne 4
Utiliser les règles graduées pour mesurer des longueurs et expliciter le résultat en centimètres et en millimètres.

On fera mesurer les longueurs de bandes de papier dont les enfants disposent.

L'explicitation des résultats des mesurages et leur traduction par écrit sera l'occasion de préciser l'abréviation du mot millimètre (mm), et on notera la mesure d'une longueur en utilisant les deux unités, par exemple : $\ell = 3$ cm et 4 mm.

Pour rappeler qu'un centimètre est partagé en dix millimètres, autrement dit qu'on obtient la même longueur en mettant bout à bout 10 bandes de longueur 1 millimètre ou 1 seule bande de longueur 1 centimètre, on écrit : 10 millimètres égalent 1 centimètre ou, en utilisant les abréviations des unités : 10 mm = 1 cm.

Multiples et sous-multiples

Séquence 4 : de l'unité de référence non conventionnelle au système métrique.

Utiliser le mètre et ses sous-multiples.

Lien avec l'expression double décimètre.

Lien avec les expressions mètre pliant, mètre ruban, etc.

Les élèves sont répartis en groupes de deux.

Des bandes de papier de même largeur.
Des ciseaux et de la colle.

Du centimètre au décimètre

Consigne 1
Découper dans une bande plusieurs morceaux dont la longueur est égale à 1 cm, puis mesurer la longueur de la bande obtenue en mettant bout à bout dix morceaux.

On vérifiera le placement de la règle graduée pour le mesurage des bandes à découper.
On vérifiera ensuite qu'on obtient la même longueur en mettant bout à bout 10 bandes de longueur 1 centimètre ou 1 seule bande de longueur 10 centimètres.
On précisera qu'il est équivalent de dire :
- la mesure de la longueur de la bande est égale à 10 centimètres et on note 10 cm ;
- la mesure de la longueur de la bande est égale à 1 décimètre et on note 1 dm.

C'est pourquoi on dit que 10 centimètres égalent 1 décimètre ou, en utilisant les abréviations des unités : 10 cm = 1 dm.
On pourra faire le lien avec l'expression double décimètre.

Consigne 2
Découper dans une bande plusieurs morceaux dont la longueur est égale à 1 dm, puis mesurer la longueur de la bande obtenue en mettant bout à bout dix morceaux.

On vérifiera ensuite qu'on obtient la même longueur en mettant bout à bout 10 bandes de longueur 1 décimètre ou 1 seule bande de longueur 10 décimètres.

On précisera qu'il est équivalent de dire :
- la mesure de la longueur de la bande est égale à 10 décimètres et on note 10 dm ;
- la mesure de la longueur de la bande est égale à 1 mètre et on note 1 m.

C'est pourquoi on dit que 10 décimètres égalent 1 mètre et on écrit, en utilisant les abréviations des noms des unités, 10 dm = 1 m.
On pourra faire le lien avec les expressions mètre pliant, mètre ruban, etc. et également comparer cette longueur avec celle de la règle plate du tableau.

On énoncera les noms des unités conventionnelles de mesure et leurs abréviations :

nom	mètre	décimètre	centimètre	millimètre
abréviation	m	dm	cm	mm

On rappellera les règles de liaison entre les différentes unités conventionnelles :
- le mètre est partagé en dix décimètres, ce qu'on écrit 1 m = 10 dm ;
- le décimètre est partagé en 10 centimètres, ce qu'on écrit 1 dm = 10 cm ;
- le centimètre est partagé en 10 millimètres, ce qu'on écrit 1 cm = 10 mm.

Pour aller plus loin, on pourra proposer aux enfants une activité de mesurage à partir de la réglette blanche du système égyptien.

Consigne
Utiliser la règle graduée pour mesurer la longueur de la réglette blanche du système égyptien et donner sa mesure en décimètres, centimètres et millimètres.

On vérifiera le placement de la règle graduée pour le mesurage de la réglette blanche.

On pourra constater des écarts dans les résultats et attirer l'attention des enfants sur le soin et la précision dont un mesurage doit faire l'objet.

Choisir l'instrument de mesure le plus adapté

Séquence 4 : de l'unité de référence non conventionnelle au système métrique.	
	Utiliser différents instruments de mesure et différentes unités conventionnelles.
	Explication des résultats des mesurages. Les noms des unités conventionnelles de mesure et leurs abréviations. On retiendra qu'il est équivalent de dire : *La mesure de la longueur de la bande est 10 centimètres* ou *La longueur de la bande est 1 décimètre.*
	Les enfants travaillent individuellement.
	Objets présents dans la classe (tableau, table, etc.) ou dans l'école, bandes ou rubans ou autres objets manipulables dans le micro-espace, lignes brisées ou segments de droite tracés sur le sol ou sur un pan de mur. Des instruments de mesure : – les règles graduées utilisées par les enfants (double ou triple décimètre) ; – la règle plate du tableau ; – des mètres différents : mètre pliant, mètre ruban, centimètre de couturière, etc.
	Le but consiste à utiliser les différents instruments de mesure pour mesurer des longueurs d'objets. On veillera à mettre en relation un instrument de mesure et la taille de l'objet mesuré. La mesure de la longueur s'exprime en utilisant une ou plusieurs des unités : mètre, décimètre ou centimètre.

Activité 48

Mesurer avec la règle graduée

Séquence 5 : mesurer des longueurs dans le système métrique.	
	Utiliser la règle graduée en centimètres pour : – mesurer les longueurs d'objets réels, d'objets représentés, de lignes brisées ou de segments ; – construire des objets ou tracer des segments de longueur donnée.
	Exprimer le résultat du mesurage d'une longueur : – la mesure de la longueur est égale à un nombre entier de centimètres ; – la mesure de la longueur est comprise entre deux nombres entiers de centimètres ; – la mesure de la longueur est égale à un nombre entier de centimètres et un nombre entier de millimètres. On fera expliciter le mode d'emploi d'une règle graduée.
	Les élèves sont répartis en groupes de deux.
	Des bandes de papier de couleurs différentes et de longueurs différentes ou d'autres objets qui feront l'objet de mesurages. Les règles graduées utilisées par les enfants (double ou triple décimètre).
	Mesurer des bandes de papier en centimètres. Chaque groupe reçoit trois ou quatre bandes de papier qui diffèrent par : – leur couleur ; – la mesure de leur longueur, celle-ci étant un nombre entier de centimètres ou comprise entre deux nombres entiers de centimètres. Le même lot de trois ou quatre bandes est distribué en plusieurs exemplaires. **Consigne** Utiliser la règle graduée pour mesurer les bandes de papier et donner la mesure de leur longueur en centimètres. On place l'objet à mesurer horizontalement. On place la règle contre l'objet à mesurer : la graduation 0 de la règle doit être en face de l'extrémité gauche de l'objet. On cherche si l'extrémité droite de l'objet se trouve en face d'une graduation numérotée de la bande.

	– si oui, on note le numéro n de la graduation, et on dit que l'objet mesure exactement n centimètres ; – si non, on note les deux numéros n et $(n + 1)$ des graduations qui sont les plus proches de l'extrémité droite de la bande et on dit que l'objet mesure entre n centimètres et $(n + 1)$ centimètres.
	Les échanges entre les partenaires d'un même groupe ou entre les groupes peuvent faire apparaître des distorsions entre les résultats, lesquels peuvent résulter : – d'une banale erreur de lecture ; – du mauvais positionnement de la règle. *Cf.* fiche de travail.
	On pourra faire mesurer des segments dans des représentations de chemins.

Mesurer avec la règle graduée

Fiche de travail

Émilie, Fanny et Gaël ont mesuré la longueur du segment PB avec leur règle graduée et voici leurs réponses.

Émilie	Fanny	Gaël
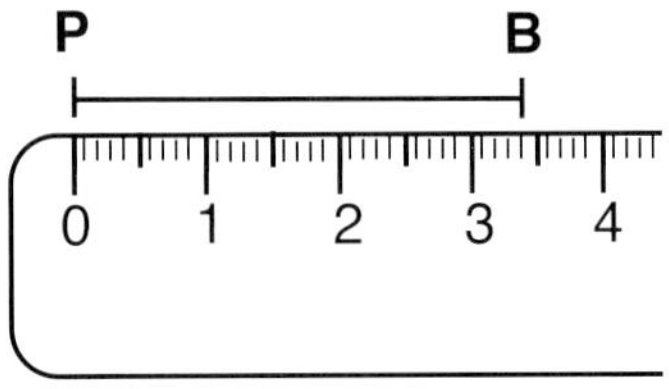 La longueur du segment **PB** mesure 3 cm et 5 mm.	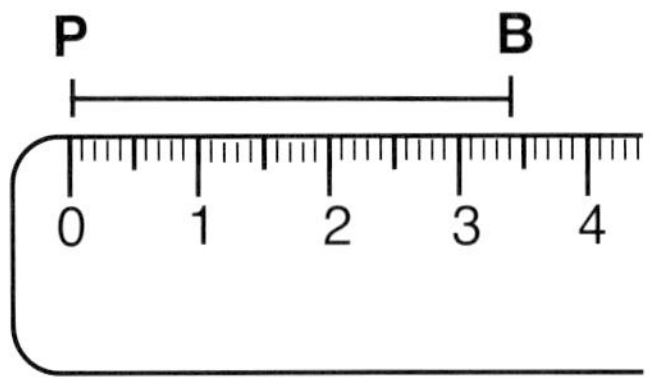 La longueur du segment **PB** mesure 3 cm et 4 mm.	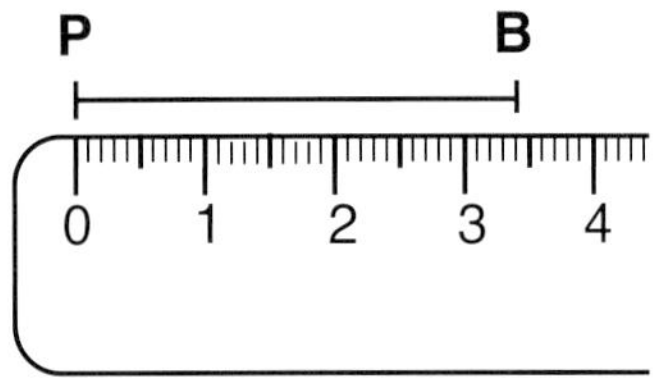 La longueur du segment **PB** mesure 3 cm.

Consigne

1. Un seul a trouvé la bonne mesure : lequel ? ....

Explique pourquoi les deux autres se sont trompés :

....

....

Igor et Jane ont mesuré la longueur du segment PV avec leur règle graduée et voici leurs réponses.

Igor	Jane
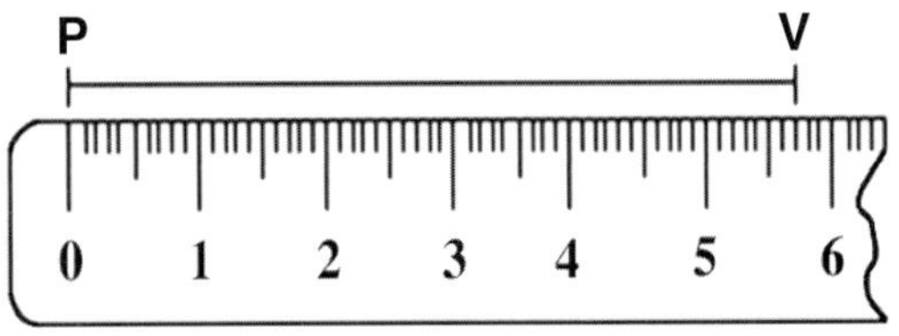 La longueur du segment **PV** mesure 5 cm et 7 mm.	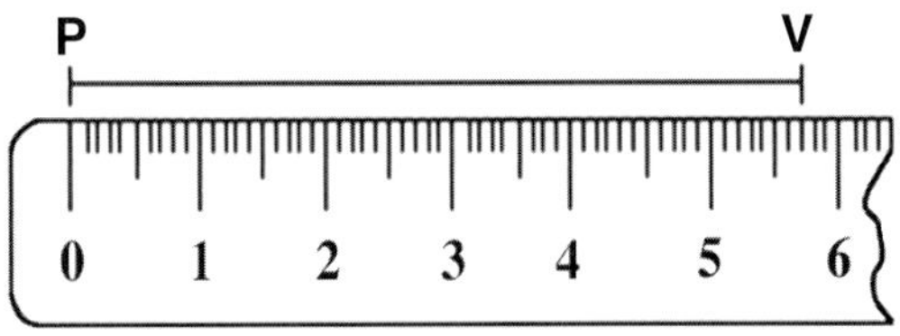 La longueur du segment **PV** mesure 57 mm.

Consigne

2. Leurs réponses sont différentes, mais elles sont correctes. Explique pourquoi :

....

....

Les escargots Théo et Léo ont trouvé une bonne salade.

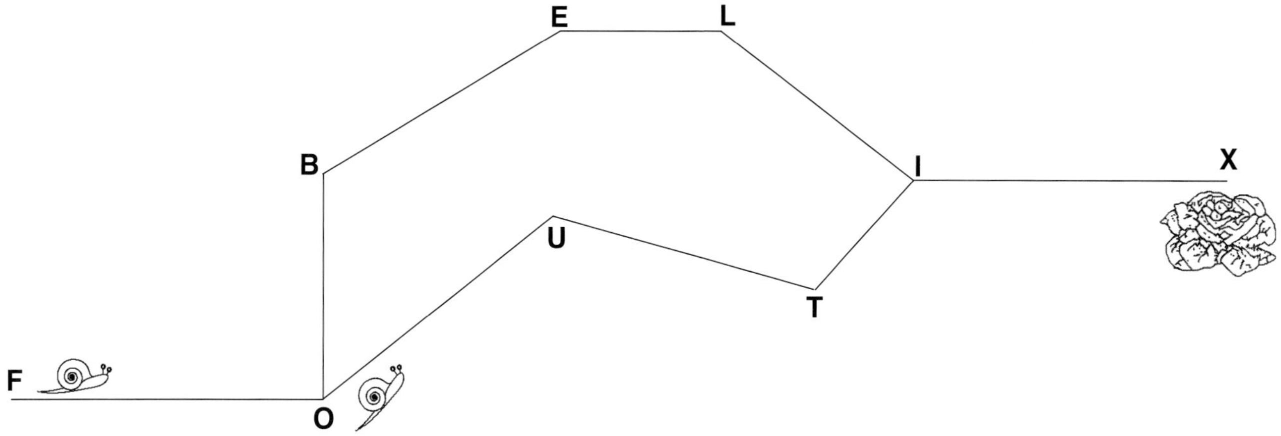

Consigne

3. Complète le tableau.

Segment	OB	BE	EL	LI	....	....	....	....	....
Mesure en cm et mm	3 cm	3 cm 8 mm	....	....	2 cm	....	....	....	4 cm 3 mm
Mesure en mm	30 mm	38 mm	....	....	....	37 mm	40 mm	43 mm	....

Consigne

4. L'escargot Léo a suivi le chemin OBELIX. Quelle est la longueur du chemin de Léo ?

....

....

L'escargot Théo a suivi le chemin FOUTIX. Quelle est la longueur du chemin de Théo ?

....

....

Quel est l'escargot qui a parcouru le plus long chemin ? Explique.

....

....

Activité 49

Le message

Séquence 5 : mesurer des longueurs dans le système métrique.	
	Utiliser la règle graduée en centimètres pour : – mesurer les longueurs d'objets réels, d'objets représentés, de lignes brisées ou de segments ; – construire des objets ou tracer des segments de longueur donnée.
	Apporter des précisions dans le message en spécifiant le nombre de centimètres et le nombre de millimètres.
	Les élèves sont répartis en groupes de deux.
	Des bandes de papier assez longues et de couleurs différentes. Des ciseaux. Une règle graduée. Une petite feuille de papier.
	Découper une bande de longueur donnée. **Consigne** Découper un premier morceau dans une bande de papier. Sur la petite feuille, écrire un message qui permettra à quelqu'un de découper un second morceau de la même longueur que le premier morceau. Les messages sont échangés, mais les morceaux découpés sont conservés par leur constructeur. Lire le message reçu. Dans une bande de papier, découper un morceau qui ait la même longueur que le morceau qui a permis de rédiger le message.
	Tracer des segments de longueur donnée. Chaque enfant dispose d'une règle graduée, d'un crayon bien taillé, d'une feuille de papier uni, d'une feuille de papier-calque et d'une petite feuille. **Consigne** Tracer un segment sur la grande feuille de papier uni. Sur la petite feuille, écrire un message qui permettra à quelqu'un de tracer un second segment de la même longueur que le premier segment.

Les messages sont échangés, mais les segments tracés sont conservés par leur auteur.

Lire le message reçu.
Sur la feuille de papier-calque, tracer un segment qui ait la même longueur que le segment qui a permis de rédiger le message.

Découper une bande de longueur donnée.
La validation s'effectue en superposant le premier et le second morceau.
Des désaccords peuvent apparaître entre les membres d'un même groupe et il est souhaitable d'en rechercher les raisons :
- manque de précision dans le message ; il faut préciser le nombre de centimètres et le nombre de millimètres ;
- mauvais positionnement de la règle ;
- erreur de lecture.

Tracer des segments de longueur donnée.
La validation s'effectue en superposant le segment tracé sur le papier-calque et le segment tracé sur le papier uni.
Des désaccords peuvent apparaître entre les membres d'un même groupe et il est souhaitable d'en rechercher les raisons. Aux raisons précédemment répertoriées, il faut ajouter un mauvais positionnement du papier-calque sur le papier uni.

Le message

Fiche de travail (variante A)

La ligne brisée

Kévin a marqué les points clés d'une ligne brisée non fermée MARE.

Consigne

1. Utilise ta règle pour tracer les segments MA, AR et RE de la ligne brisée MARE.

Consigne

2. Utilise la règle graduée pour mesurer les longueurs des segments MA, AR et RE.

Segment	Mesure en cm et mm	Mesure en mm
MA		
AR		
RE		

Calcule la longueur de la ligne brisée MARE :

....

➥ La longueur de la ligne brisée MARE est égale à .... cm et .... mm ou à .... mm.

Jeu du portrait

Je suis une ligne brisée fermée.
Mon premier segment s'appelle LI et mesure 10 cm et 4 mm.
Mon deuxième segment mesure 73 mm et s'appelle IO.
Mon dernier segment s'appelle ON et mesure 8 cm et 2 mm.

Consigne

3. Trace-moi.

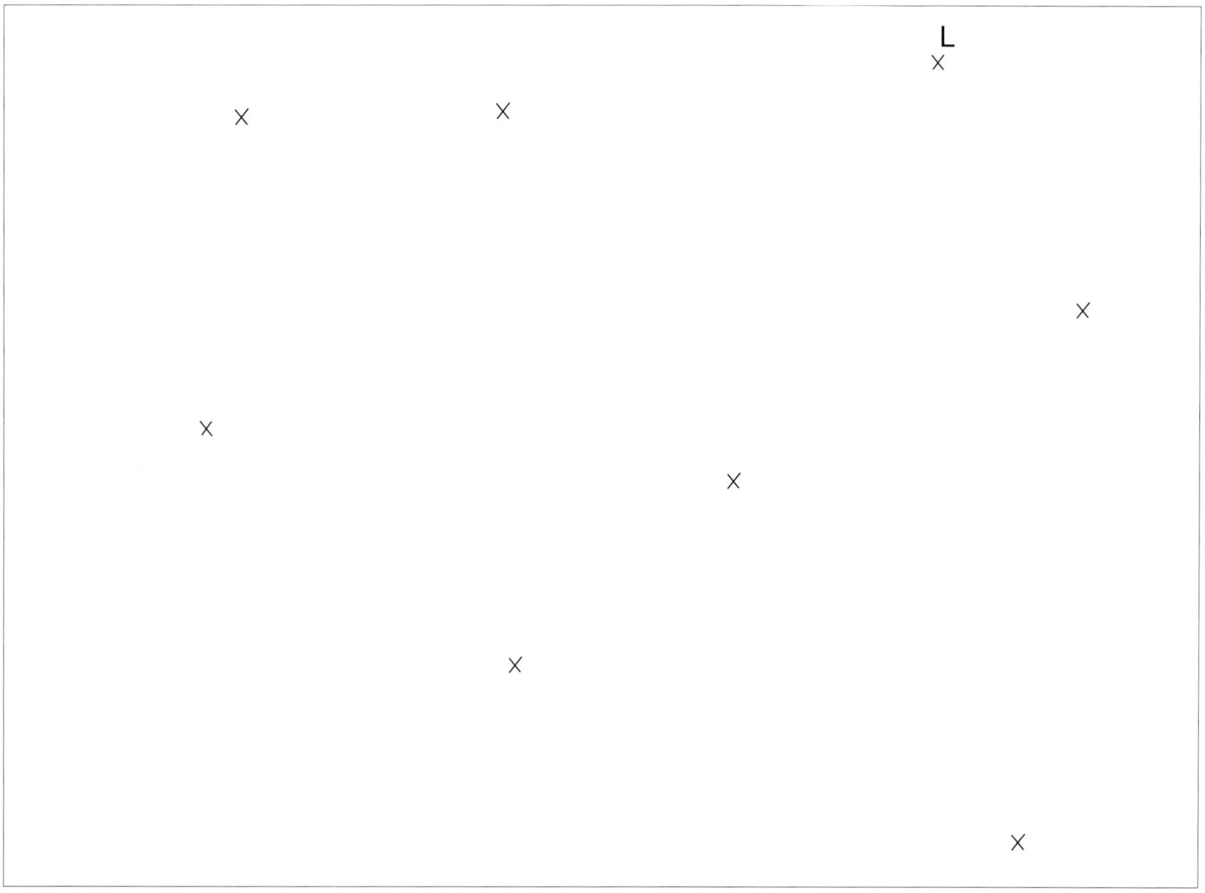

Consigne

4. Trouve ma longueur.

....

➥ La longueur de la ligne brisée LION est égale à .... cm et .... mm ou à .... mm.

Le message

Fiche de travail (variante B)

La ligne brisée

Loïc a marqué les points clés d'une ligne brisée fermée SOIRS.

Consigne

1. Utilise ta règle pour **tracer** les segments SO, OI, IR et RS de la ligne brisée SOIRS.

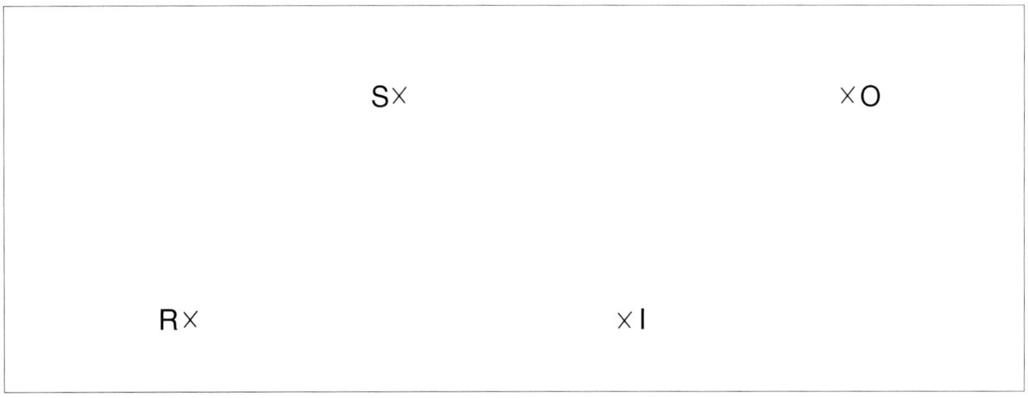

Consigne

2. Utilise la règle graduée pour **mesurer** les longueurs des segments SO, OI, IR et RS.

Segment	Mesure en cm et mm	Mesure en mm
SO		
OI		
IR		
RS		

Calcule la longueur de la ligne brisée SOIRS :

....

➥ La longueur de la ligne brisée SOIRS est égale à .... cm et .... mm ou à .... mm.

Jeu du portrait

Je suis une ligne brisée fermée.
Mon premier segment s'appelle RA et mesure 13 cm.
Mon deuxième segment mesure 79 mm et s'appelle AM.
Mon dernier segment s'appelle ME et mesure 6 cm et 6 mm.

Consigne

3. Trace-moi. Attention, n'oublie pas que je suis une ligne brisée fermée !

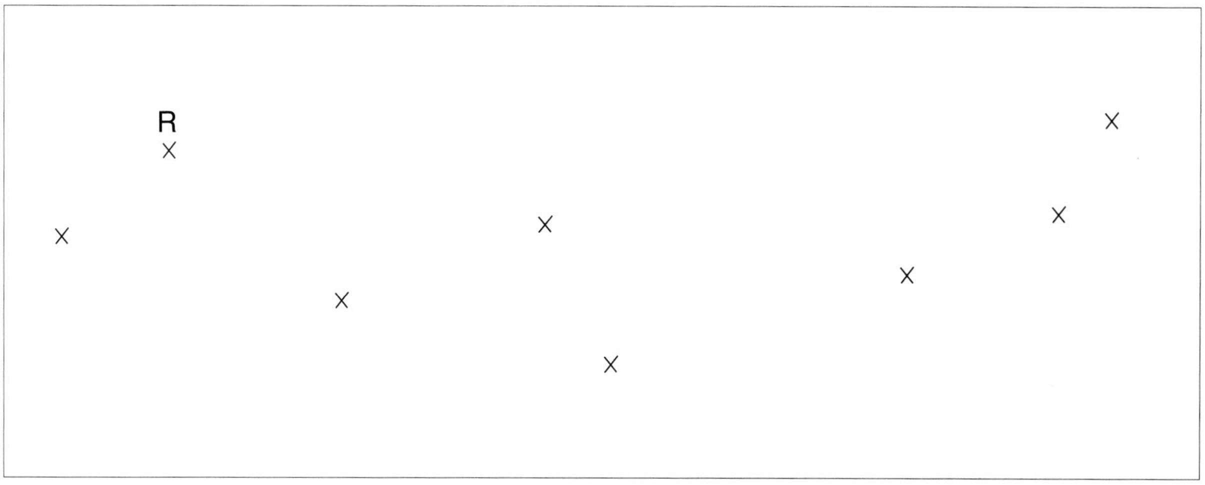

Consigne

4. Trouve la longueur de la ligne brisée RAMER.

....

➥ La longueur de la ligne brisée RAMER est égale à .... cm et .... mm ou à .... mm.

Activité 50

Construire des segments avec la règle graduée

Séquence 5 : mesurer des longueurs dans le système métrique.	
	Utiliser la règle graduée en centimètres pour : – mesurer les longueurs d'objets réels, d'objets représentés, de lignes brisées ou de segments ; – construire des objets ou tracer des segments de longueur donnée.
	Apporter des précisions dans le message : il faut préciser le nombre de centimètres et le nombre de millimètres. – la mesure de la longueur est égale à un nombre entier de centimètres ; – la mesure de la longueur est comprise entre deux nombres entiers de centimètres ; – la mesure de la longueur est égale à un nombre entier de centimètres et un nombre entier de millimètres.
	Les enfants travaillent individuellement.
	Fiche de travail. Règle graduée. Feuille de papier.
	Le but consiste à utiliser la règle graduée en centimètres pour : – mesurer des objets ; – construire des objets dont la longueur satisfait à certaines contraintes : objets usuels représentés, bandes (ou rubans), segments de droite, lignes brisées ; – la mesure de la longueur est exprimée à l'aide d'une seule unité ou de plusieurs unités. **Consigne** Utiliser la règle graduée pour mesurer les segments et donner la mesure de leur longueur en centimètres et en millimètres. Reproduire un modèle en construisant des segments d'une longueur donnée. Cette activité fournit aux élèves l'occasion de mettre en œuvre l'algorithme de mesurage explicité précédemment et de le compléter. Dans le cas où l'objet à mesurer mesure entre n et $(n + 1)$ centimètres, on compte le nombre p de millimètres entre la graduation numéro n et l'extrémité droite de l'objet, et on dit alors que l'objet mesure n centimètres et p millimètres. Les échanges entre les groupes peuvent également faire apparaître des distorsions dont il faudra trouver les raisons : s'agit-il d'une erreur de dénombrement ou d'un mauvais positionnement de la règle ?

	Ces exercices visent la connaissance des unités conventionnelles : – donner des écritures synonymes du résultat d'un mesurage (par exemple : 24 mm ou 2 cm et 4 mm) ; – prévoir la longueur d'un objet obtenu en mettant bout à bout des objets de même nature (trains de réglettes, de bandes, de lignes brisées), la longueur de chaque élément étant connue.
	On pourra varier l'activité en proposant aux élèves de travailler par groupes de deux et de se faire passer des messages.

Construire des segments avec la règle graduée

Fiche de travail (variante A)

David a commencé à tracer des segments pour réaliser un dessin qui ressemble à ce modèle réduit :

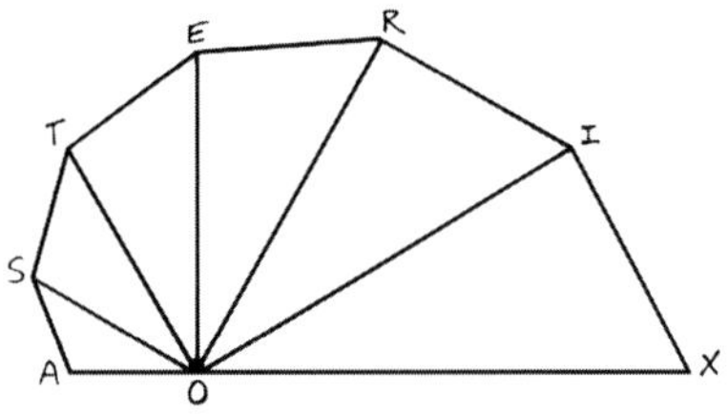

Voici le dessin de David :

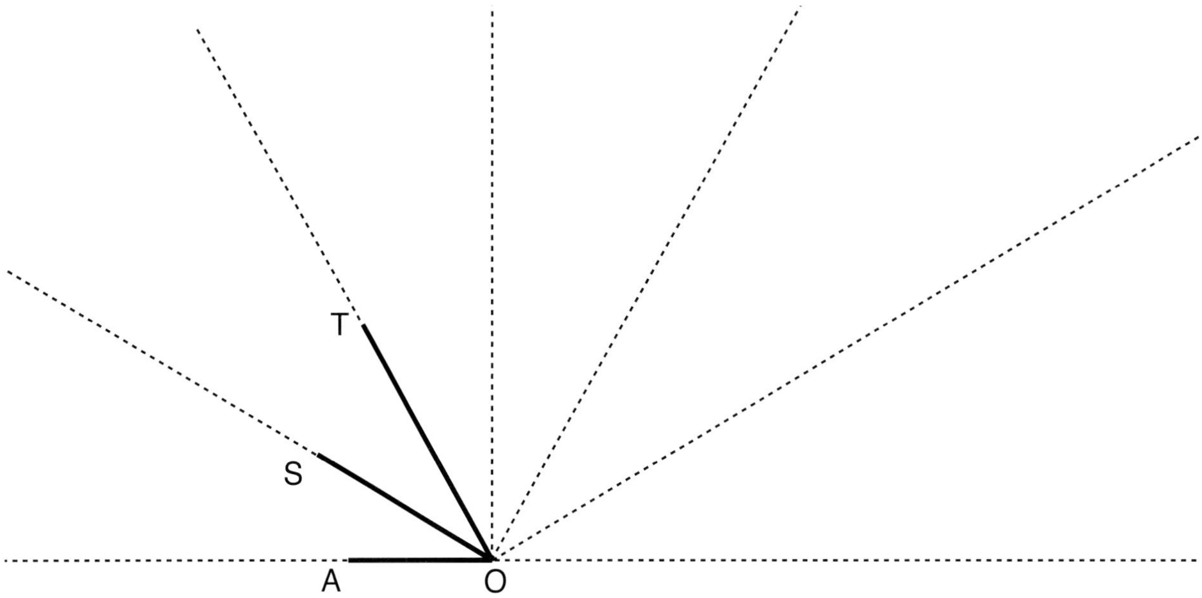

Consigne

1. Complète le tableau en mesurant les segments du dessin de David.

Segment	OA	OS	OT
Mesure en cm			

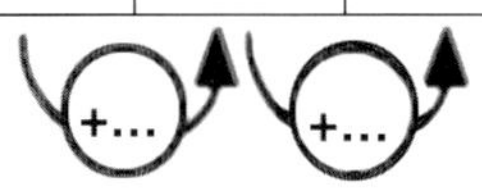

Consigne

2. Trace les segments OE, OR, OI, OX :
- en utilisant les lignes déjà tracées ;
- en augmentant chaque fois la mesure selon la même règle.

Trace les segments AS, ST, TE, ER, RI, IX.

Construire des segments avec la règle graduée

Fiche de travail (variante B)

Consigne

1. Maëlle a commencé un dessin que tu vas compléter en utilisant la règle graduée.

Place le point R :
- il est aligné avec les points A et V ;
- le point A est entre les points V et R ;
- le segment RA a une longueur de 65 mm.

Place le point C :
- il est aligné avec les points A et L ;
- le point A est entre les points C et L ;
- le segment CA a une longueur de 9 cm et 8 mm.

Trace ensuite les segments AR, AC et CR.

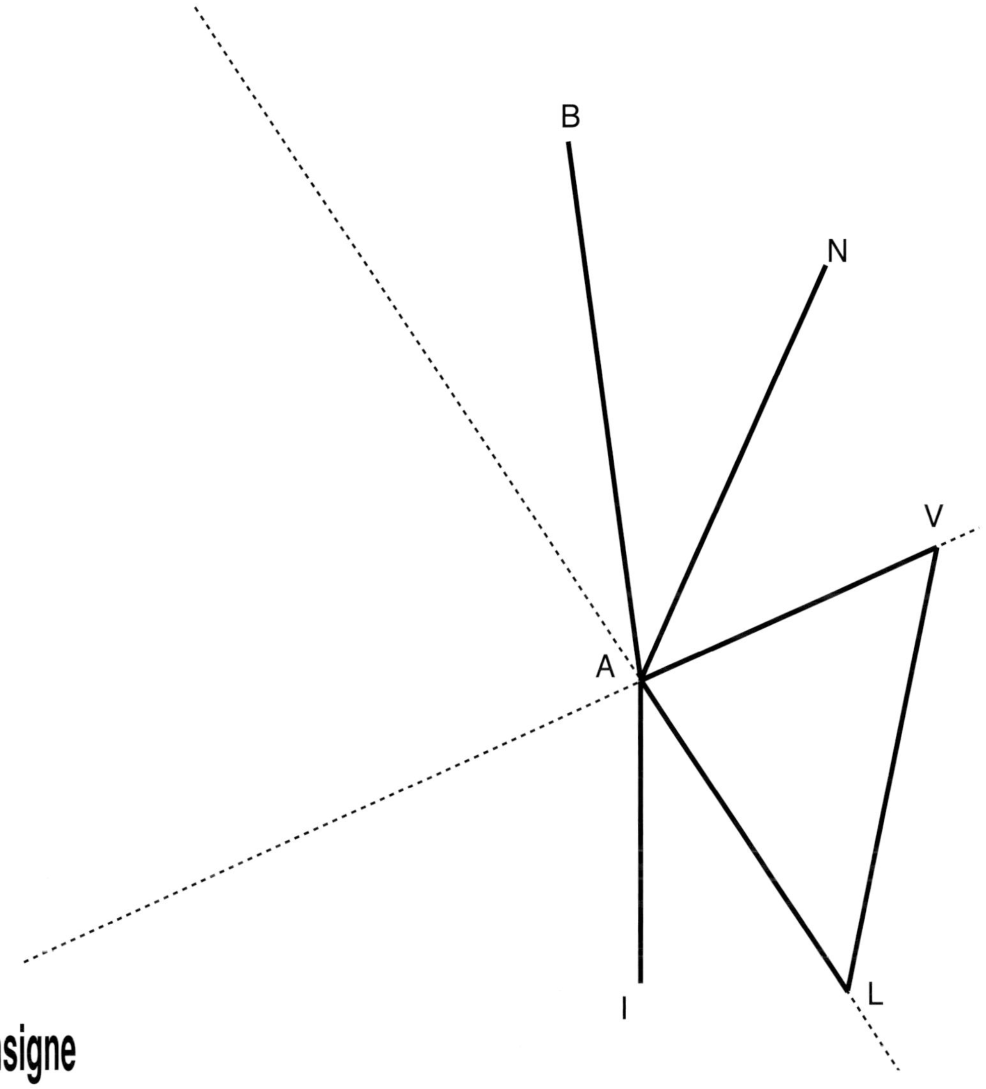

Consigne

2. Utilise ta règle graduée pour mesurer les longueurs des segments et complète le tableau.

Segment	AV	VL	AL	AN	AB	AI	AR
Mesure en cm et mm							

Textes officiels

Programmes de l'enseignement élémentaire
Arrêté du 25 janvier 2002, J.O. du 10 février 2002 et BO Hors Série n° 1 du 14 février 2002
http://www.education.gouv.fr/bo/2002/hs1/default.htm

Documents d'accompagnement et d'application : Grandeurs et mesures à l'école élémentaire
http://eduscol.education.fr/D0048/r_prim.htm

Travailler par cycles en mathématiques à l'école, de la petite section au CM2 / Alain Yaiche, Chantal Mettoudi.- Paris : Hachette, 2003.- 158 p.- L'école au quotidien- ISBN 2-01-170730-7

Ouvrages

Apprentissages mathématiques à l'école élémentaire, CE. Tome 1/ ERMEL .- Paris : SERMAP-OCDL, 1978.

Concepts clés et situations-problèmes en mathématiques. Tome 2, Géométrie, mesures et processus cognitifs / Odette Bassis.- Paris : Hachette, 2004.- 220 p.- Pédagogie pratique à l'école - ISBN 2-01-17-0794-3

De la construction mathématique à sa représentation : en grande section / Liliane Baron.- Paris : Magnard, 1995.- 392 p. - Les guides Magnard - ISBN 2-210-71958-5

Le sens de la mesure : des grandeurs aux nombres rationnels / Nicolas Rouche .- Paris : Hatier, 1992.- 312 p.- Formation - ISBN 2-87088-775-2

Les mathématiques à l'école élémentaire. Tome 2, Contenus mathématiques : la géométrie, les mesures de grandeurs, typologie des problèmes / Xavier Rogiers .- Bruxelles : De Boeck-Wesmaël, 1997.- 277 p. - Pratiques pédagogiques - ISBN 2-8041-2639-0

Préparation à l'épreuve de mathématiques du concours de recrutement des professeurs des écoles. Tome 2 / Roland Charnay, Michel Mante .- Paris : Hatier, 1995.

Se former pour enseigner les mathématiques. 2 : maternelle, grandeur et mesure / Colette Dubois, Muriel Fenichel, Marcelle Pauvert.- Paris : Armand Colin, 1993.- 159 p.- Formation des enseignants - ISBN 2-200-01148-2

Articles de périodiques

Comparer des longueurs : fiche, cycle 2, niveau CP.-*JDI*, n° 7, mars 2001, p. 37

Grandeurs et mesurage In : Propositions pour un texte d'accompagnement des programmes.- *Grand N*, n° 67, 2001, p.57-61

Le sens de la mesure : dossier.-*JDI*, n° 9, mai 1996, p.61-75

Mesure des longueurs au cours élémentaire / Groupe Mesure au CE de l'équipe ELEM.- *Grand N*, n° 19, 1979.

Mesurer des longueurs : fiche, cycle 2, niveau CP.-*JDI*, n° 9, mai 2001, p. 37

COLLECTION 50 ACTIVITÉS

- **Une collection ouverte à tous les champs disciplinaires**
  et à tous les thèmes relevant de la pédagogie
  à l'école primaire et au collège,
  respectueuse des domaines prioritaires définis
  par la politique éducative nationale.

- **Une collection qui offre à l'enseignant**
  des outils pédagogiques rigoureusement structurés,
  pragmatiques, transposables.

- **Une collection qui accorde une place prépondérante**
  aux fiches d'activités de classe ou de terrain.

- **Niveau :** école primaire, collège.

TITRES DE LA COLLECTION NATIONALE 50 ACTIVITÉS

Maîtrise de la langue

50 activités pour créer des livres animés à l'école
CRDP de Midi-Pyrénées -1998
réf. 820GPF16 - Prix 20 €

50 activités pour découvrir et maîtriser les écritures à l'école et en 6e
CRDP de Midi-Pyrénées - 1998
réf. 820GPF14 - Prix 20 €

50 activités pour dire, lire, écrire, cycles 1 et 2
CRDP d'Auvergne - 2002
réf. 630B8580 - Prix 18 €

50 activités pour comprendre les images à l'école maternelle
CRDP de Midi-Pyrénées - 2003 (ouvrage + diapositives)
réf. 31082A24 - Prix 25 €

50 activités pour découvrir l'image fixe
CRDP de Languedoc-Roussillon - 2003
réf. 340066P06 - Prix 28 €

50 activités à l'école de l'oral
CRDP de Midi-Pyrénées - 2003
réf. 31082A30 - Prix 20 €

50 activités de lecture-écriture en ateliers
CRDP de Midi-Pyrénées - 2004
tome I réf. 31000A34 - Prix 20 €
tome II réf. 31000A35 - Prix 18 €
tome I + tome II réf. 31000A36 - Prix 32 €

50 activités pour apprivoiser les livres en classe ou en BCD *(nouvelle édition)*
CRDP de Midi-Pyrénées - 2004
réf. 31065A33 - Prix 18 €

Arts et culture

50 activités pour apprendre le goût
CRDP de Midi-Pyrénées - 1997
réf. 820GPF09 - Prix 17 €

50 activités à la découverte de l'art pictural
CRDP de Midi-Pyrénées - 1997
réf. 810GPF11 - Prix 17 €

50 activités avec Carnaval
CRDP de Midi-Pyrénées - 2002 (ouvrage + cédérom)
réf. 31000A26 - Prix 19 €

50 activités pour découvrir le patrimoine
CRDP de Midi-Pyrénées - 2003 (ouvrage + cédérom)
réf. 31082A29 - Prix 25 €

50 activités d'éducation musicale
CRDP de Midi-Pyrénées - 2004 (ouvrage + 2 CD audio)
réf. 31081A31 -Prix 26 €

50 activités graphiques pour rencontrer les œuvres et les artistes
CRDP des Pays de la Loire - 2005 (ouvrage + cédérom)
réf. 440B3260 - Prix 25 €

Sciences expérimentales et Technologie

50 activités avec l'espace
CRDP de Midi-Pyrénées - 2002 (ouvrage + cédérom)
réf. 31000A26 - Prix 19 €

50 activités avec l'astronomie
CRDP de Midi-Pyrénées - 2003 (ouvrage + cédérom)
réf. 31032A27 - Prix 23 €

Initiation aux langues

50 activités en espagnol à l'école
CRDP de Midi-Pyrénées - 1999
réf. 820GPF17 - Prix 19 €

50 activités pour enseigner l'anglais à l'école
CRDP de Midi-Pyrénées - 2001
ouvrage + 2 CD audio: réf. 31082A23 - Prix 26 €
ouvrage: réf. 31082A20 - Prix 19 €
2 CD audio: réf. 31082A22 - Prix 19 €

50 activités en occitan au cycle 2
CRDP de Midi-Pyrénées - 2004 (ouvrage + CD audio + cédérom)
réf. 31000A32 - Prix 26 €

Autour de la presse

50 activités pour créer un vrai journal
CRDP de Midi-Pyrénées- 1996
réf. 810GPF07 - Prix 16 €

50 activités pour apprivoiser son journal
CRDP de Midi-Pyrénées - 1996
réf. 820GPF05 - Prix 16 €

50 activités avec les magazines jeunesse
CRDP de Midi-Pyrénées - 1996
réf. 820GPF06 - Prix 19 €

Éducation à l'environnement

50 activités pour appréhender la forêt à l'école
CRDP de Midi-Pyrénées -1997
réf. 820GPF07 - Prix 20 €

50 activités avec le paysage de l'école au collège
CRDP de Midi-Pyrénées -1999
réf. 31000A15 - Prix 20 €

50 activités pour découvrir les milieux naturels et humains à l'école
CRDP de Midi-Pyrénées - 2000
réf. 31082A19 - Prix 20 €

50 activités en montagne à l'école
CRDP de Midi-Pyrénées - 2002
réf. 31000A25 - Prix 19 €

Éducation physique et sportive

50 activités de jeu dramatique en EPS
CRDP du Limousin - 2002
réf. 870B0089 - Prix 15 €

TICE

50 activités pour apprivoiser Internet
CRDP de Midi-Pyrénées - 1999
réf. 120GPF13 - Prix 21 €

50 activités phares avec les TICE à l'école
CRDP de Midi-Pyrénées - 2000 (en totale quadrichromie)
réf. 31081A18 - Prix 21 €

50 activités pour créer des productions multimédias à l'école
CRDP de Basse-Normandie - 2001
réf. 140B3820 - Prix 20 €

50 activités pour réussir le B2i
CRDP de Basse-Normandie-2001
réf. 140B4060 - Prix 21 €

EN PROJET

50 activités pour enseigner les mathématiques au cycle 3
50 activités avec les arts du cirque
50 activités en histoire au cycle 3
50 activités autour du jardin
50 activités pour enseigner l'allemand au cycle 3
50 activités en occitan au cycle 3
50 activités pour découvrir l'architecture et l'urbanisme
50 activités pour éduquer à la sécurité routière
50 activités-série école maternelle

Achevé d'imprimer sur les presses de
SOCOSPRINT
36, route d'Archettes
88026 ÉPINAL Cedex

Dépôt légal octobre 2005
Tirage : 1000 exemplaires